essentials

essentials liefern aktuelles Wissen in konzentrierter Form. Die Essenz dessen, worauf es als „State-of-the-Art" in der gegenwärtigen Fachdiskussion oder in der Praxis ankommt. *essentials* informieren schnell, unkompliziert und verständlich

- als Einführung in ein aktuelles Thema aus Ihrem Fachgebiet
- als Einstieg in ein für Sie noch unbekanntes Themenfeld
- als Einblick, um zum Thema mitreden zu können

Die Bücher in elektronischer und gedruckter Form bringen das Expertenwissen von Springer-Fachautoren kompakt zur Darstellung. Sie sind besonders für die Nutzung als eBook auf Tablet-PCs, eBook-Readern und Smartphones geeignet. *essentials:* Wissensbausteine aus den Wirtschafts-, Sozial- und Geisteswissenschaften, aus Technik und Naturwissenschaften sowie aus Medizin, Psychologie und Gesundheitsberufen. Von renommierten Autoren aller Springer-Verlagsmarken.

Weitere Bände in dieser Reihe http://www.springer.com/series/13088

Frauke Bender · Cathrin Christoph

Markenführung und Markenkommunikation in der Immobilienwirtschaft

Grundwissen für Einsteiger

 Springer Gabler

Frauke Bender
ISM International
School of Management
Hamburg, Deutschland

Cathrin Christoph
ISM International
School of Management
Hamburg, Deutschland

ISSN 2197-6708   ISSN 2197-6716   (electronic)
essentials
ISBN 978-3-658-18202-1   ISBN 978-3-658-18203-8   (eBook)
DOI 10.1007/978-3-658-18203-8

Die Deutsche Nationalbibliothek verzeichnet diese Publikation in der Deutschen Nationalbiblio-
grafie; detaillierte bibliografische Daten sind im Internet über http://dnb.d-nb.de abrufbar.

Springer Gabler
© Springer Fachmedien Wiesbaden GmbH 2017

Gedruckt auf säurefreiem und chlorfrei gebleichtem Papier

Springer Gabler ist Teil von Springer Nature
Die eingetragene Gesellschaft ist Springer Fachmedien Wiesbaden GmbH
Die Anschrift der Gesellschaft ist: Abraham-Lincoln-Str. 46, 65189 Wiesbaden, Germany

Was Sie in diesem *essential* finden können

- Gute Gründe dafür, auch in der Immobilienwirtschaft Markenführung zu betreiben
- Eine Vorstellung der wichtigsten Begriffe des Marketings und der Markenführung
- Einen Überblick über die wichtigsten Kommunikationsinstrumente
- Eine Darstellung der Erfolgsfaktoren für die Implementierung einer langfristigen und erfolgreichen Markenführungsstrategie
- Eine Einschätzung, wie relevant die einzelnen Kommunikationsinstrumente für die Immobilienwirtschaft sind

Inhaltsverzeichnis

Über die Autorinnen

Prof. Dr. Frauke Bender ist Professorin für Marketing & Communications Management an der ISM International School of Management. Zuvor war sie in diversen Unternehmen der Immobilienwirtschaft tätig; unter anderem bei der Deutschen Annington Immobilien GmbH (jetzt Vonovia) als Leiterin der Unternehmenskommunikation und bei der WRW GmbH als Leiterin Kommunikation und Unternehmensentwicklung.

Dr. Cathrin Christoph ist PR-Beraterin. Ihre Agentur Cathrin Christoph Kommunikation berät schwerpunktmäßig Unternehmen und Verbände der Immobilienbranche. Cathrin Christoph hat Lehraufträge an der Hochschule Hannover (HsH), an der ISM International School of Management und an der Hochschule für Angewandte Wissenschaften Hamburg (HAW).
www.christoph-kommunikation.de

Einleitung 1

Markenführung in der Immobilienwirtschaft bezieht sich sowohl auf die Unternehmens- als auch auf die Produktmarke. Beide Konzepte haben in der deutschen Immobilienwirtschaft keine lange Tradition: Die Branche begann erst in den 1980er-Jahren aktiv, Marketing zu betreiben (Ertle-Straub 2013, S. 401). Insofern steckt die Markenführung bei vielen Unternehmen noch in den Kinderschuhen oder wird sogar ganz ausgeblendet. Vielfach wird Marketing in der Immobilienwirtschaft auch nur als „Feuerlöscher" eingesetzt (Streibich 2011, S. 134) oder „als ein Instrument (miss-)verstanden, auf das zurückgegriffen wird, um kurzfristige Vermarktungserfolge zu erzielen" (Brade et al. 2008, S. 715). Hinzu kommt, dass das an vielen Standorten die Nachfrage nach Immobilien das Angebot bei Weitem übersteigt. Dort braucht es Markenführung jedenfalls nicht, um den Vertrieb der Produkte zu gewährleisten.

Dennoch hat Marketing in der Immobilienwirtschaft in den vergangenen Jahren „erheblich an Bedeutung gewonnen" (Schulte und Brade 2001, S. 5). Viele Immobilienunternehmen setzen – auch an Standorten mit einer starken Nachfrage – bewusst auf Marketing und strategische Markenführung. Dies manifestiert sich am augenscheinlichsten im Corporate Design der Unternehmen sowie in sorgfältig gestalteten Wort-Bild-Marken, Hochglanz-Verkaufsunterlagen und eigenen Websites für einzelne Immobilienprojekte. Darüber hinaus bespielen Immobilienunternehmen heute sehr professionell die gesamte Klaviatur der Unternehmens- und Markenkommunikation. Denn: „Marketing in der Immobilienbranche wird nicht mehr rein absatzorientiert und somit als ein Hilfsmittel zur Unterstützung des Vertriebs betrachtet, sondern zunehmend als ein sinnvoller ganzheitlicher Ansatz, der im Rahmen der Unternehmensphilosophie einen erfolgreichen Auftritt im Markt sicher hilft" (Schulte und Brade 2001, S. 5).

© Springer Fachmedien Wiesbaden GmbH 2017
F. Bender und C. Christoph, *Markenführung und Markenkommunikation in der Immobilienwirtschaft*, essentials, DOI 10.1007/978-3-658-18203-8_1

Dieses *essential* zeigt, warum es sich auch in der Immobilienwirtschaft lohnt, auf Markenführung zu setzen und gibt praxisnah und handlich einen Überblick über die wichtigsten Kommunikationsinstrumente.

Markenführung in der Immobilienwirtschaft

2

Markenaufbau und Markenführung gewinnen in der Immobilienbranche stetig an Bedeutung. Gerade in den letzten 30 Jahren – und damit später als bei vielen anderen Branchen – haben sich einschneidende Veränderungen vollzogen, die ein Umdenken bei den Immobilienunternehmen notwendig machten und machen. Eine Führung, die in der Vergangenheit mehr operativ als strategisch und mehr objekt- als marktorientiert war, muss nunmehr durch eine kunden- und wertorientierte Unternehmensführung ersetzt werden, die die Marktverhältnisse zum Ausgangspunkt ihres Handelns macht.

2.1 Strategisches Markenmanagement

Marken entwickeln sich nicht von alleine. Sie müssen sich entwickeln. Dazu bedarf es eines strategischen Markenmanagements. Dieses umfasst die Planung, Koordination und Kontrolle aller Maßnahmen zum Aufbau und Erhalt eines bestimmten Soll-Images. Die Markenführung hat deswegen strategischen Charakter, weil sie die Grundlage für darauf aufbauende, abgestimmte kommunikationspolitische Konzepte bildet.

2.1.1 Was ist eine Marke?

Der Markenbegriff kann aus unterschiedlichen Blickwinkeln definiert werden. Rechtlich können als Marken

alle Zeichen, insbesondere Wörter einschließlich Personennamen, Abbildungen, Buchstaben, Zahlen, Hörzeichen, dreidimensionale Gestaltungen einschließlich der

© Springer Fachmedien Wiesbaden GmbH 2017
F. Bender und C. Christoph, *Markenführung und Markenkommunikation in der Immobilienwirtschaft*, essentials, DOI 10.1007/978-3-658-18203-8_2

Form einer Ware oder ihrer Verpackung sowie sonstiger Aufmachungen einschließlich Farben und Farbzusammenstellungen geschützt werden, die geeignet sind, Waren oder Dienstleistungen eines Unternehmens von denjenigen anderer Unternehmen zu unterscheiden (§3 Abs. 1 MarkenG).

Im Zentrum dieser Sichtweise steht die Schutzfunktion von Marken. Heute hat sich die wirkungsbezogene Definition des Markenbegriffs weitgehend durchgesetzt (vgl. Esch 2012, Baumgarth 2014). Nach dieser Auffassung werden Marken (Brands) als Vorstellungsbilder in den Köpfen der Konsumenten verstanden. Sie übernehmen eine Identifikations- und Differenzierungsfunktion und prägen das Wahlverhalten des Verbrauchers (vgl. Esch 2012, S. 22). Demnach stehen die Einflüsse, die von Marken auf die Wahrnehmung und Präferenzen der Konsumenten ausgehen und deren Kaufverhalten bestimmen, im Mittelpunkt. Die Aufgabe des Markenmanagements besteht nunmehr darin, durch geeignete Marketingmaßnahmen, einzigartige, unverwechselbare und relevante Vorstellungsbilder in den Köpfen der Konsumenten aufzubauen.

2.1.2 Funktionen von Marken

Im Zuge der kontinuierlich wachsenden Angebotsvielfalt nimmt die Wettbewerbsintensität in fast allen Branchen zu. Aber nicht nur der Wettbewerb der Produkte und Leistungen untereinander, auch der Wettbewerb der Kommunikationsmittel um die Aufmerksamkeit der Konsumenten nimmt immer weiter zu. Die Anzahl der Kommunikationskanäle für Unternehmen hat sich in den letzten Jahren deutlich erweitert. Die große Menge der Informationen, der Konsumenten heutzutage ausgesetzt sind (sogenannter „Information Overload"), führt dazu, dass die Wirkung eines Kommunikationsmittels pro Kontakt mit der Zielgruppe abnimmt (vgl. Baumgarth 2014, S. 10 ff.). Um sich als Produkt oder Leistung in der extremen Angebotsvielfalt der Märkte und der täglichen Menge an Kommunikation durchzusetzen, um schließlich vom Konsumenten ausgewählt und favorisiert zu werden, nutzen Unternehmen Marken zur Differenzierung ihrer Produkte, die durch strategische Führung optimal positioniert und von der Masse abgesetzt werden.

In erster Linie stellt eine Marke für den Konsumenten daher eine **Orientierungshilfe** dar, um sich zwischen den verschiedenen Leistungsangeboten auf dem Markt zurechtzufinden. Neben Orientierung bieten sie dem Konsumenten eine **Reduktion des Kaufrisikos,** da der Erwerb eines Produktes einer bereits bekannten Marke häufig als weniger riskant eingestuft wird als der einer unbekannten Marke. Der Konsument geht davon aus, dass die bekannten Marke **vertrauenswürdiger** und zudem eher in der Lage ist, ihr Leistungsversprechen einzuhalten. Gerade bei hochpreisigen Investitionsgütern (zum Beispiel Immobilien) spielt ein vermindertes Kaufrisiko eine entscheidende Rolle für die Konsumenten. Außerdem bieten Marken einen **ideellen Nutzen,** da sie beim Kauf beziehungsweise bei der Inanspruchnahme der Leistung ein Gefühl der Bestätigung vermitteln und dabei helfen, sich anderen gegenüber in einer bestimmten Art und Weise zu inszenieren und die eigene Persönlichkeit auszudrücken. Gerade bei Produkten, die von der Gesellschaft als Statussymbole erachtet werden, die den Lebensstil und die Wertvorstellungen des Menschen ausdrücken, hat der ideelle Nutzen von Marken eine große Bedeutung. Ein Produkt, hinter dem eine starke Marke mit einer einzigartigen Positionierung steht, erscheint begehrenswerter (vgl. Schmidt 2015, S. 9 ff.).

Der Grund für viele Unternehmen, weit intensiver als bisher in den Aufbau und die Führung einer starken Marke zu investieren, liegt in der großen wirtschaftlichen Bedeutung von Marken. Sie gelten heute als **immaterielle Wertschöpfer** im Unternehmen (vgl. Esch 2012, S. 5). Der Wert eines Unternehmens ist zum großen Teil vom Wert der Marke abhängig (vgl. Abb. 2.1, Interbrand's Best Global Brands Report 2016).

2016			2016		
Rang	**Marke**	**Mrd. US $**	**Rang**	**Marke**	**Mrd. US $**
1.	Apple	178,1	1.	Mercedes-Benz	25,4
2.	Google	133,3	2.	BMW	41,5
3.	Coca-Cola	73,1	3.	SAP	21,3
4.	Microsoft	72,8	4.	Audi	11,2
5.	Toyota	53,6	5.	VW	11,4
6.	IBM	52,5	6.	Porsche	9,5
7.	Samsung	51,8	7.	Allianz	9,6
8.	Amazon	50,3	8.	Siemens	9,4
9.	Mercedes-Benz	43,5	9.	Adidas	7,9
10.	GE	43,1	10.	DHL	5,7

Abb. 2.1 Marken mit hohem Markenwert weltweit (links) und in Deutschland (rechts). (Quelle: Interbrand's Best Global Brands Report 2016)

Des Weiteren zeigen die Konsumenten bei starken Marken eine höhere Preisbereitschaft, wodurch Unternehmen einen gewissen **preispolitischen Spielraum** besitzen. Durch den systematischen Aufbau einer engen und möglichst emotionalen Beziehung zwischen Marke und Konsument lässt sich zudem eine **Kundenbindung** realisieren, die gerade bei den heutigen Wettbewerbsbedingungen von großem Wert ist. Die langfristige Bindung bestehender Kunden ist weitaus wirtschaftlicher als die Gewinnung neuer Kunden.

Nicht zuletzt geht es in diesem Zusammenhang um die Differenzierung gegenüber der Konkurrenz sowie um die Beeinflussung der Kundenpräferenzen. Angesichts der Gleichartigkeit und Austauschbarkeit vieler Produkte/Leistungen geht es hierbei um die Schaffung eines emotionalen Unterschiedes. Dieser soll beim Konsumenten durch die psychologische Beeinflussung die Wahrnehmung verändern und in den Köpfen der Konsumenten ein positives Image aufbauen (vgl. Meffert et al. 2005, S. 12 ff.).

Zusammenfassend dargestellt, erfüllt die Marke für den Kunden die folgenden Funktionen, die das subjektiv empfundene Risiko der Kaufentscheidung verringern

- Erleichterung der Identifikation
- Orientierungshilfe
- Vertrauensbasis
- Beweis für Kompetenz und Sicherheit
- Qualitätsvermutung
- Image- und Prestigefunktion

Auch für das **Unternehmen** selbst hat eine starke Marke wesentliche Vorteile:

- Präferenzbildung bei den Kunden
- Differenzierung gegenüber der Konkurrenz
- Verbesserung des akquisitorischen Potenzials
- Erhöhung der Effizienz und Effektivität der Kommunikation
- Verbesserte Verhandlungsposition gegenüber Vermarktungspartnern

2.1.3   Ziele der Markenführung

Für den Begriff Markenführung, neudeutsch auch Branding genannt, existieren in der Literatur diverse Definitionen. Nach Esch lässt sich der Begriff Markenführung wie folgt abgrenzen: „Branding umfasst alle konkreten Maßnahmen zum

Aufbau einer Marke, die dazu geeignet sind, ein Angebot aus der Masse gleichartiger Angebote herauszuheben und die eine eindeutige Zuordnung von Angeboten zu einer bestimmten Marke ermöglichen" (Esch 2005, S. 154).

Das übergeordnete Ziel eines Unternehmens bei der Markenführung sind der Aufbau und die langfristige Sicherung seiner Existenz durch die stetige Steigerung des Unternehmenswertes. Dieses sogenannte **Globalziel** kann in **ökonomische** und **verhaltenswissenschaftliche Ziele** operationalisiert werden (vgl. Abb. 2.2). Dabei handelt es sich um unmittelbare Ziele, die von den Funktionen einer Marke abgeleitet werden. Diese sind nicht unabhängig voneinander, sondern beeinflussen sich gegenseitig (vgl. Esch 2005, S. 42).

Voraussetzung für die Einbeziehung einer Marke in den Kaufentscheidungsprozess eines Konsumenten ist, dass dieser die Marke überhaupt kennt und dass seine Kenntnis über die Produkteigenschaften der Marke dazu ausreicht, die Marke zur Befriedigung eines bestimmten Bedürfnisses in Erwägung zu ziehen. Die Erreichung einer hohen **Markenbekanntheit** ist damit die Grundvoraussetzung für die Erreichung aller anderen Ziele der Markenführung.

Ein weiteres zentrales Ziel der Markenführung ist die Schaffung von **Markenpräferenzen** über den Aufbau eines individuellen **Markenimages**. Wurde die Präferenz für eine Marke bei einem Teil der Konsumenten geschaffen und sind diese zufrieden mit dem Produkt (**Markenzufriedenheit),** besteht die Möglichkeit, **Markentreue** bei den Kunden aufzubauen. Neben der Verhaltensdimension kommt der Markentreue beziehungsweise der **Markenloyalität** eine

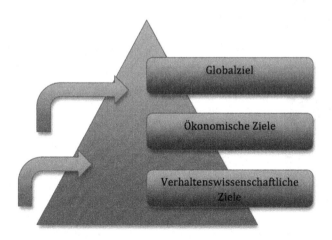

Abb. 2.2 Die Zielpyramide der Markenführung. (Quelle: Esch 2012, S. 56)

Einstellungsdimension zu. Sie kommt zum Ausdruck in der **Markenbindung**, die als emotionales Konstrukt die gefühlsmäßige Bindung zur Marke wiedergibt. Insofern geht die Markenbindung über die Markenloyalität hinaus, da sie nicht unbedingt der Nutzung einer Marke bedarf, sondern beispielsweise auch medial erzeugt werden kann (vgl. Esch 2012, S. 74).

Den verschiedenen Zielen ist gemein, dass sie in starkem Zusammenhang mit den Emotionen des Konsumenten stehen beziehungsweise einen emotionalen Status bezogen auf die Marke darstellen. Abb. 2.3 zeigt die Verflechtung der verhaltenswissenschaftlichen Ziele sowie deren Zusammenhang mit den ökonomischen Zielen auf. Anhand der Abbildung wird deutlich, dass verhaltenswissenschaftliche Ziele für die übergeordneten ökonomischen Ziele von entscheidender Bedeutung sein können und daher aus Unternehmersicht besonders berücksichtigt werden sollten.

Durch die Schaffung von Markenbekanntheit und von Markenpräferenzen durch den Aufbau eines einzigartigen Markenimages sollen die Konsumenten systematisch und zielgerichtet beeinflusst werden. Denn nur dadurch ist eine Differenzierung der Marke gegenüber der Konkurrenz möglich. Es wird versucht, die

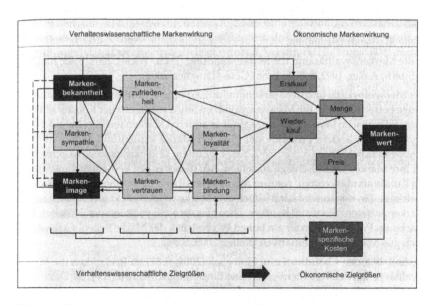

Abb. 2.3 Zielsystem zur Markennavigation. (Quelle: Esch 2012, S. 73)

Besonderheiten und die Einzigartigkeiten einer Marke so attraktiv und ansprechend für den Kunden zu kommunizieren, um eine langfristige eigene Position bei den Konsumenten zu erreichen, die sich eindeutig von der Konkurrenz unterscheidet. Unter den heutigen Marktbedingungen ist eine reine Abgrenzung durch die sachlichen Produkteigenschaften kaum noch möglich, deshalb ist es notwendig einen emotionalen Zusatznutzen bei der Präferenzbildung zu vermitteln (vgl. Esch 2012, S. 74).

2.1.4 Markenidentität

Im Zentrum der Markenführungsstrategie befindet sich die Markenidentität. Diese kann gleichzeitig als Fundament und als Ausgangspunkt für die Markenführung angesehen werden. Die Markenidentität steckt den Rahmen des unternehmerischen Handelns hinsichtlich der Marketingaktivitäten ab. Aber was genau ist die Markenidentität? Markenidentität ist das Selbstbild einer Marke aus der Sicht des Unternehmens. Sie bringt zum Ausdruck wofür eine Marke stehen soll, welchen Zweck und welche Persönlichkeit sie hat. Die Markenidentität gibt dabei aus unternehmensinterner Sicht Antwort auf die Frage „Wer sind wir und wofür stehen wir nach außen?". Des Weiteren umfasst die Identität nicht nur die Unterscheidbarkeit, sondern auch die Unverwechselbarkeit und die Einzigartigkeit einer Marke. Erfahrbar wird das Selbstbild eines Unternehmens für den Konsumenten durch Produkte/Leistungen, Kommunikation oder sonstige Interaktion wie den persönlichen Kontakt.

Die Markenidentität besteht aus sechs Komponenten: Herkunft, Vision, Kompetenzen, Werte, Persönlichkeit und Leistungen (vgl. Meffert et al. 2015, S. 331; Abb. 2.4).

Die Markenherkunft formt den Grundstein der Markenidentität. Sie beantwortet die Frage: **Woher kommen wir?** Die Markenherkunft ist für die Führung der Marke von großer Bedeutung.

Ein weiterer Teil der Markenidentität ist die Markenvision. Sie gibt die Richtung einer langfristigen Entwicklung der Marke vor: **Wohin wollen wir?** Die Markenvision beinhaltet eine langfristig angestrebte Wunschvorstellung der Marke und spricht die Motive von Nachfragern und Mitarbeitern an.

Außerdem spielen die Markenkompetenzen eine wichtige Rolle. Hier wird deutlich gemacht, was das Unternehmen besonders gut kann. Die Markenkompetenzen sind für die Glaubwürdigkeit der Marke bei den Verbrauchern von hoher Bedeutung.

Abb. 2.4 Komponenten der Markenidentität. (Quelle: Meffert et al. 2015, S. 331)

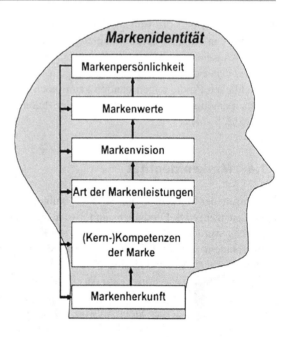

Des Weiteren stellen die Markenwerte die grundsätzlichen Überzeugungen vom Management und den Mitarbeitern dar. Die Markenwerte ergründen die Frage: **Woran glauben wir?** Aus den Werten ergibt sich die symbolische Essenz der Markenidentität. Zudem werden hier wichtige emotionale Elemente der Markenidentität abgebildet. Markenwerte werden durch wenige, präzise Stichpunkte formuliert, die einen Bezug zum Markennutzen herstellen sollen. Neben den Markenwerten ist auch die Markenpersönlichkeit ein Bestandteil der Markenidentität. Die Markenpersönlichkeit wird durch den Kommunikationsstil der Marke, ob verbal oder non-verbal, ausgedrückt. Es beantwortet die Frage: **Wie kommunizieren wir?** Die Markenleistung hingegen fußt auf der Markenkompetenz und bestimmt, wie eine Marke für den Konsumenten nutzbar wird: **Was vermarkten wir?** Die Marke wird stets ganzheitlich wahrgenommen, sodass ihre Glaubwürdigkeit von dem Zusammenspiel der Markenleistung und den anderen fünf Komponenten abhängig ist (vgl. Meffert et al. 2015, S. 331 f.).

In vielen Märkten liegt der Fokus auf den Gefühlen und Emotionen, die eine Marke bei der Zielgruppe auslöst und nicht auf den sachlich-funktionalen Nutzenaspekten (beispielsweise spezifische Eigenschaften eines Produktes/einer

Leistung, Informations- und Vertrauensfunktion, Qualität, Angebot an Dienstleistungen). Im Vordergrund steht vielmehr der emotionale Nutzen einer Marke für den Konsumenten wie Prestige und Gruppenzugehörigkeit (vgl. Esch 2012, S. 108). Für die Emotionalisierung von Marken kommt der **Markenpersönlichkeit** eine wichtige Rolle zu. Die Markenpersönlichkeit umfasst alle menschlichen Eigenschaften, die mit einer Marke verbunden werden. Für Konsumenten kann die Markenpersönlichkeit die eigene Persönlichkeit widerspiegeln und folglich eine positive Haltung zur Marke auslösen. Die Markenpersönlichkeit ist in der Lage, die Idealvorstellungen der Konsumenten bezüglich einer angestrebten Persönlichkeitsstruktur zu umfassen und somit Präferenzen herbeizuführen (vgl. Big-Five-Ansatz von Jennifer Aaker). Außerdem kann die Markenpersönlichkeit die Basis für eine Beziehung zwischen Nutzer und Marke darstesllen, die einer menschlichen Beziehung in ihren Assoziationen ähnlich ist.

Nach Aaker ist die Marke eine einzigartige Zusammensetzung von Assoziationen (vgl. Aaker und Mader 1996, S. 39 ff.). Die Markenidentität besteht aus drei zentralen Elementen, welche die stimmige Grundlage für Markennamen oder Firmennamen bilden müssen.

1. Markenessenz, das Wesen der Marke,
2. Markenkern oder Core Brand Identity und
3. erweiterte Markenidentität oder Extended Brand Identity.

Die erweiterte Markenidentität besteht aus vier Grundelementen und definiert die Marke als

1. Produkt (Sortiment, Eigenschaften, Qualität, Herkunftsland),
2. als Organisation (Eigenschaften der Organisation, lokal vs. global),
3. als Person (Persönlichkeit der Marke, Beziehung Konsument/Marke) und
4. als Symbol (visuelle Bildsprache und Metapher, Geschichte der Marke).

Das Modell von Aaker zeigt außerdem, wie sich die Identität der Marke in verschiedene Schichten aufteilt. Die innerste Schicht ist die Essenz der Marke und kann mit einem einzigen Gedanken beschrieben werden, der ihre Seele widerspiegelt. Als zweite Schicht folgt die Kernidentität, die aus zwei bis maximal vier zentralen und zeitlosen Elementen der Marke besteht, die unter allen Umständen beibehalten werden sollen. Die äußerste Schicht stellt die erweiterte Markenidentität dar, die alle notwendigen Elemente umfasst, die zwar nicht zu Kernidentität gehören aber notwendig sind, um ein vollständiges Bild der Marke entstehen zu lassen (Marke als Produkt, als Organisation, als Person und als Symbol). Der Unterschied zwischen den beiden Begriffen liegt darin, dass die Kernidentität eine längere Gültigkeit als die erweiterte Markenidentität hat; die erweiterte Markenidentität wiederum zeitlich flexibler ist.

Zur Entwicklung der Markenidentität wird im Folgenden auf das von icon brand navigation entwickelte und von Esch modifizierte Markensteuerrad zurückgegriffen, da es besonders anschaulich illustriert, welche wichtigen Entscheidungen getroffen werden müssen, um eine Markenidentität zu entwickeln (s. Abb. 2.5).

Der linke Teil des Markensteuerrades umfasst die **Hard Facts** einer Marke. Hingegen reflektiert die rechte Seite des Steuerrades die **Soft Facts,** die man mit einer Marke verbindet, also die Gefühle und nonverbalen Eindrücke.

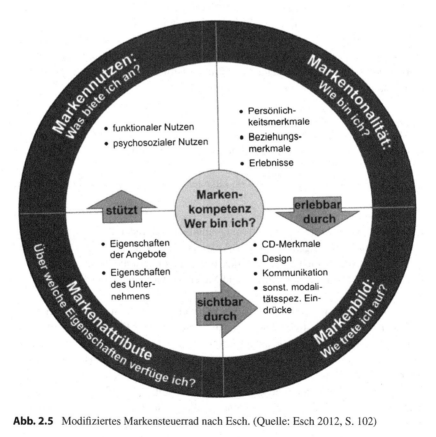

Abb. 2.5 Modifiziertes Markensteuerrad nach Esch. (Quelle: Esch 2012, S. 102)

Ähnlich wie bei dem Ansatz von Aaker steht bei diesem modifizierten Markensteuerrad die Markenkompetenz (Wer bin ich?) als Extrakt der **Markenidentität** im Zentrum der Betrachtung. Diese kann sowohl emotionale als auch sachorientierte Inhalte umfassen und stellt den dauerhaften Kern der Markenidentität dar. Um diesen Kern herum werden auf der linken Seite die Hard Facts, also die zentralen **Markenattribute** (Über welche Eigenschaften verfügt die Marke?) sowie der **Markennutzen** (Was biete ich an?) erfasst.

Auf der rechten Seite des Markensteuerrades werden die Soft Facts **Markentonalität** (Wie bin ich?) und **Markenbild** (Wie trete ich auf?) erfasst.

Diese vier Quadranten, die sich um die Markenkompetenz als Kern der Markenidentität gruppieren, stellen somit eine Konkretisierung der Kompetenz der Marke dar. Entsprechend sind diese Bereiche eher im Zeitablauf veränderbar und erweiterbar als der eigentliche Kern. Die Markenkompetenz wird durch diese Bereiche erlebbar.

Zwischen den einzelnen Bereichen besteht zudem ein starker innerer Bezug. Die Markenattribute, also die Eigenschaften der Angebote bzw. des Unternehmens, stützen den funktionalen oder psychosozialen Markennutzen. Sie werden zudem sichtbar durch das Markenbild. Die Markentonalität wird wiederum ebenfalls erlebbar durch das Markenbild, sodass sich aus dieser Darstellung heraus die innere Logik der Markenidentität und deren Konsistenz gut prüfen lassen.

Voraussetzung für das erfolgreiche Bestehen einer Markenidentität liefern nach Burmann und Meffert (vgl. Burmann und Meffert 2005, S. 45) vier wesentliche konstitutive Merkmale:

- **Wechselseitigkeit:** Erst durch die Abgrenzung des eigenen Leistungsangebotes von den Leistungen der Konkurrenz, sowie durch Interaktion und Kommunikation mit den Nachfragern entsteht Markenidentität.
- **Kontinuität:** Die langfristige Beibehaltung der wesentlichen Markenmerkmale im Zeitverlauf.
- **Konsistenz:** Die laufende Abstimmung der wesentlichen und unwesentlichen Merkmale, sowie die Vermeidung von Widersprüchen innerhalb des Markenauftritts.
- **Individualität:** Die Abgrenzung des eigenen individuellen Leistungsangebotes durch einzigartige und wesentliche Identitätsmerkmale im Vergleich zu den angebotenen Leistungen der Konkurrenz.

2.1.5 Markenpositionierung

Nach der Festlegung der Markenidentität als einer der wichtigsten Schritte im Rahmen der strategischen Markenführung, muss sich die Marke genau positionieren. Ziel der Markenpositionierung ist der Aufbau einer einzigartigen und präferenzbildenden Position in den Köpfen der Zielgruppe. Eine erfolgreiche Markenpositionierung bedarf der Berücksichtigung der subjektiven Wahrnehmung der Konsumenten, sowie den damit verbundenen Vorstellungen und Bedürfnissen (vgl. Esch 2012, S. 157 f.). Es gilt für die eigene Marke eine Unique Selling Proposition (USP), d. h. einen einzigartigen Verkaufsvorteil, zu besetzen, durch den sich die Marke ganz spezifisch und möglichst nicht nachahmbar profiliert. Bei der Positionierung soll bei den Konsumenten in der subjektiven Wahrnehmung eine Position geschaffen werden, die weitgehend ihren Idealvorstellungen entspricht oder diesen zumindest nahekommt und sich zudem wesentlich von der Konkurrenz unterscheidet (Vgl. Görg 2010, S. 80 ff.).

Der Aufbau einer starken Marke setzt somit voraus, dass die Positionierung am Markt: (vgl. Esch 2012, S. 157)

- zum Unternehmen passt
- für die Kunden von Relevanz ist
- vom Kunden subjektiv wahrgenommen wird
- sich von der Konkurrenz abgrenzt und
- langfristig verfolgt wird.

Die Positionierung der Marke bestimmt so die Kommunikationsziele: Wie kann man die Marke am besten differenzieren und was spricht die Zielgruppe an? Wird die Marke für die jeweilige Zielgruppe richtig positioniert und unterscheidet sie sich hinreichend von Ihrer Konkurrenz am Markt, schafft sie sich einen strategischen Wettbewerbsvorteil gegenüber diesen. Das Markenimage gibt Antwort, ob die gewünschte Positionierung erreicht wurde oder nicht.

2.1.6 Zusammenhang von Markenidentität, Positionierung, Markenimage

Die Markenidentität bringt die wesentlichen Merkmale einer Marke zum Ausdruck. Die Formulierung eines Kundennutzens, den die Marke erfüllen soll, steht im Mittelpunkt der Markenidentität. Die Ausgestaltung der einzelnen sechs Komponenten bringt wiederum das Markennutzenversprechen zum Ausdruck. Diese werden mithilfe der Positionierung an die externe Zielgruppe herangetragen. Ziel ist es, die Bedürfnisse der potenziellen Zielgruppe anzusprechen und besser zu befriedigen, um sich so von den Wettbewerbern zu differenzieren.

Während die Markenidentität das Selbstbild der Marke verkörpert, ist das Markenimage das Fremdbild der Zielgruppe. Die Markenidentität wird im Unternehmen aktiv entwickelt. Das Markenimage formt sich jedoch erst über einen längeren Zeitraum bei den Konsumenten, resultierend aus deren Reaktionen auf die verschiedenen Marktführungsaktivitäten des Unternehmens. Das Markenimage ist somit das Resultat von allen Wahrnehmungen von den ausgesandten Markensignalen. Im Idealfall stimmen Markenidentität und Markenimage überein. Dementsprechend ist die Markenidentität ein gestaltbares Managementkonzept, das Markenimage hingegen wird von den Kunden initiiert und ist somit nicht direkt beeinflussbar bzw. steuerbar. Folgerichtig sollte die Gestaltung der Markenidentität von Unternehmen als strategisches Instrument genutzt werden, um so langfristig eine Veränderung des Markenimages herbeizuführen. Das Bindeglied dieser Wechselwirkung zwischen Markenidentität und Markenimage stellt die Markenpositionierung dar (vgl. Abb. 2.6).

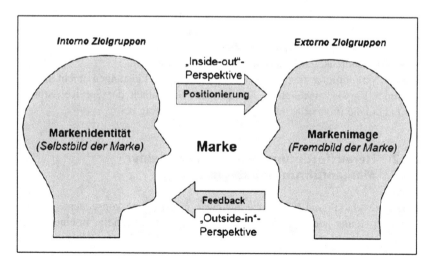

Abb. 2.6 Grundidee des identitätsbasierten Markenmanagements. (Quelle: Burmann und Meffert 2005, S. 52)

2.2   Markenmanagement für Immobilienunternehmen

Gelten die Aussagen über die Bedeutung der Marken auch für die Immobilienbranche? Welchen Stellenwert hat das Thema Markenbildung und Markenführung heutzutage in der Branche? Um diese Fragen zu beantworten, muss man
zunächst einmal die Besonderheiten der Immobilienbranche verstehen.

2.2.1   Charakteristika von Immobilien und Immobilienmärkten

Voraussetzung für die Entwicklung immobilienspezifischer Markenführungskon-
zepte ist eine dezidierte Auseinandersetzung mit den Besonderheiten von Immobilien[1] und Immobilienmärkten. Diese lassen sich folgendermaßen skizzieren
(vgl. Schulte 2001, S. 40):

- Besonderheiten als Investitionsgut,
- langfristige Wirksamkeit von Entscheidungen, zumeist Mehrpersonenentschei-
  dungen mit großer Bedeutung für das Individuum,
- anonymer Markt mit Informationsintransparenz,
- Immobilität (hohe Bedeutung der Standortwahl)
- hohe Öffentlichkeitswirkung von Projektentwicklungen,
- enge Verknüpfung materieller und immaterieller Leistungen; nicht nur die
  Immobilie wird nachgefragt, sondern die Gesamtheit der Serviceleistungen
  rund um die Immobilie trägt zum Vermarktungserfolg bei.

2.2.2   Herausforderungen und Chancen einer Markenführungsstrategie

Veränderte Markt- und Rahmenbedingungen machen eine konsequente strategische Ausrichtung auch für die Immobilienwirtschaft notwendig. In einer immer
komplexeren, mit großer Unsicherheit behafteten Umwelt ist es für Immobilienunternehmen unabdingbar geworden, marktorientierte Entscheidungen zu treffen,

---

[1]Der Begriff der Immobilie findet im allgemeinen Sprachgebrauch breite Verwendung,
wobei nach der Art der Immobilie (Wohn-, Gewerbe-Immobilien) sowie nach dem Grad
der Fertigstellung (Immobilienprojekt, Immobilienobjekt) unterschieden werden kann.

die Bestand und Ertragskraft eines Unternehmens langfristig sicherstellen. Heutzutage muss vielfältigen Herausforderungen Rechnung getragen werden:

- Aus dem knappen Gut Immobilie wurde in bestimmten Regionen und in vielen Segmenten ein Überangebot,
- die Anbieter von Immobilien beziehungsweise von Immobilienvermittlungen sind viel zahlreicher geworden,
- die Immobilie steht in Konkurrenz zu anderen, innovativen Anlagemöglichkeiten,
- die Globalisierung macht auch vor der Immobilienwirtschaft nicht halt,
- der Kunde ist aufgeklärter und erwartet mehr Service und
- neue Kommunikations- und Vertriebswege stehen zur Verfügung.

Die in der Immobilienbranche inhärente unzureichende Kundenorientierung der Vergangenheit hat dazu geführt, dass die Branche insgesamt mit einem Imageproblem zu kämpfen hat. Auf Kundenseite hat das dazu geführt, dass das subjektiv empfundene Entscheidungsrisiko noch weiter anwächst. Eine Verminderung dieser Entscheidungsunsicherheit des Kunden kann im Immobilienmarkt nur dadurch erfolgen, dass sich die Immobilienunternehmen noch weit stärker als bisher als Immobilienmarken verstehen und über eine konsistente Markenführung Kundenvertrauen aufbauen und erhalten. Die Werte einer Immobilienmarke manifestieren sich nicht nur in einem qualitativ hochwertigen Immobilienangebot, sondern insbesondere im direkten Kontakt mit Interessenten und Kunden. Die Beziehung zu jedem Interessenten muss vom ersten Kontakt an als ein einmaliges Geschäftspotenzial angesehen werden, das durch höchste Qualität gekennzeichnet ist; und zwar in allen Kontaktpunkten vor, bei und nach dem Kauf.

Der Schlüssel zur langfristigen Differenzierung im Wettbewerb ist eine einzigartige Positionierung mit klaren Kernkompetenzen im Produkt, spezifischen kundenorientierten Zusatzleistungen und emotionalen Markenwerten, die langfristig gehalten werden kann. Eine starke Marke unterstützt somit die potenziellen Kunden bei ihrer Orientierung im Immobilienmarkt. Der langfristige Aufbau von Vertrauen über eine klar positionierte Marke ist für jedes Immobilienunternehmen der Schlüssel zum Erfolg im Markt. Dabei benötigt der Aufbau und der Erhalt einer erfolgreichen Marke Kontinuität. Sofern eine Marke etabliert ist, muss der Versuchung, etwas zu verändern, nur um dem Zeitgeist zu entsprechen oder einem Wechsel in der Führungsetage gerecht zu werden, widerstanden werden.

Essenziell für die erfolgreiche Implementierung einer Marke ist, dass die Sicht nach innen nicht vernachlässigt werden darf. So müssen Marken sowohl nach außen als auch nach innen gelebt werden. Nur wenn sich die Mitarbeiter mit der

Marke identifizieren, kann sie ihre volle Kraft entfalten. Dies gilt in besonderem Maße für Dienstleistungsunternehmen und damit für die Immobilienbranche, da gerade hier Mitarbeiter mit Kundenkontakt die Wahrnehmung der Marke in hohem Maße prägen.

Die Qualität der Berater ist ausschlaggebend für den Erfolg
Jana Rosenberger ist seit 16 Jahren selbstständige Immobilienmaklerin. Dabei war sie unter anderem als selbstständige Mitarbeiterin für renommierte Hamburger Immobilienmakler tätig. Ihre Firma Homes Hamburg Immobilien ist inhabergeführt. Mit Frauke Bender sprach sie über die Rolle der Marke bei der Vermittlung von Immobilien.

Frauke Bender:
Wie schaut es in der Branche aus? Betreiben viele Immobilienmakler bereits eine konsequente Markenführung?

Jana Rosenberger:
Ja. Für viele Immobilienmakler sind eine Corporate Identity und das Entstehen einer „Marke" sehr wichtig. Neben Hochglanz-Zeitungen gibt es mittlerweile viele Produkte, die von den Firmen hergestellt, bzw. in Auftrag gegeben werden: Regenschirme, Schlüsselanhänger, Raumdüfte, Kugelschreiber, Taschen…! Dies gilt vor allem für die führenden Franchise Unternehmen, die überregional Ihr System ausbauen.

Frauke Bender:
Welche Rolle spielt der Aufbau einer starken Immobilienmarke im Rahmen der Immobilienvermittlung heutzutage aus Ihrer Sicht?

Jana Rosenberger:
Grundsätzlich ist es vorteilhaft, ein gut funktionierendes Netzwerk zu haben. Dies gilt allerdings m. E. in erster Linie für die Unternehmen selbst. Sie positionieren sich durch ihr Franchise System in allen großen und kleineren Städten sowie im Ausland. Dies bewirkt einen hohen Wiedererkennungswert. Was man kennt, ist gut. So wird Vertrauen aufgebaut. So werden selbstverständlich mehr Objekte akquiriert. Wichtig ist dann allerdings, dass man den Erwartungen der Eigentümer gerecht wird. Dafür reicht eine Marke allein nicht unbedingt aus.

Für die reine Immobilienvermittlung/den Verkauf des Objektes an sich, ist es in erster Linie wichtig, dass man sich selber gut auf dem Markt auskennt und Hintergrundwissen zu allen relevanten Themen rund um die Immobilie vorweisen kann. Dies kann ein „kleinerer Makler" genauso gut wie einer der großen. Wichtig ist es gerade in diesem Metier, die Qualität zu wahren!

Frauke Bender:
Viele Makler vertreten auch das Argument, dass sie weder Marketing noch Markenführung bei der Immobilienvermittlung benötigen.

Jana Rosenberger:
Sicherlich muss man sich schon einen gewissen „Namen" erarbeiten, um das Vertrauen der Kunden zu gewinnen und dadurch Objekte akquirieren zu können. Dafür ist es notwendig, dass man sich regional, bzw an den Standorten, an denen man tätig sein möchte, einen guten Ruf aufbaut. Letztendlich kommt es darauf an, was der Eigentümer der Immobilie bevorzugt. Manche möchten unbedingt eine „große Marke" im Hintergrund wissen, andere dagegen eher nicht.

Frauke Bender:
Wie wichtig ist eine Immobilienmarke aus Kundensicht?

Jana Rosenberger:
Aus Kundensicht steht die Immobilie im Mittelpunkt. Wenn diese gefällt, wird sie gekauft, auch wenn sich nicht von dem bevorzugten Makler angeboten wird! Natürlich wünschen sich die Kunden, dass sie über ihren vertrauensvollen Makler ein Objekt finden. Aber am Ende zählt natürlich die Immobilie! Aus Sicht der Verkäufer ist es wichtig, jemanden zu beauftragen, der sich gut mit dem Markt auskennt und weiß, worauf es ankommt. Das kann der kleine Makler sein, dass kann aber auch ein guter Immobilienberater der großen Firmen sein. Die „Marke" an sich spielt hier nicht zwingend die entscheidende Rolle. Die Qualität des einzelnen und der Arbeit ist wichtig.

Frauke Bender:
Wie steht es um die Branche der Immobilienmakler im Allgemeinen?

Jana Rosenberger:
Der Ruf unserer Branche ist sicherlich nicht der beste, allerdings finde ich, zum Teil zu Unrecht. Es gibt durchaus einige weniger gut qualifizierte Makler, die sich einen Maklerschein kaufen und keine Ahnung davon haben, was man an Arbeit leisten muss oder sollte, um ein Geschäft gut abwickeln zu können. Zumeist wissen Sie aufgrund mangelnder Erfahrung gar nicht, worauf sie sich einlassen. Dadurch verschwinden sie aber auch relativ schnell wieder vom Markt. Auf der anderen Seite gibt es m. E. sehr viele wirklich gute Makler, die Ihre Arbeit höchst zufriedenstellend betreiben und auch höchste Ansprüche an ihre eigene Qualität stellen. Aufgrund des großen Wettbewerbs untereinander, muss man immer noch einen Schritt voraus sein als die Konkurrenz, um die Kunden von der eigenen Kompetenz zu überzeugen.

Frauke Bender:
Wie sehen Sie die Zukunft Ihrer Branche?

Jana Rosenberger:
Ich sehe die Zukunft unserer Branche durchaus positiv. Immobilien werden immer nachgefragt und auch immer verkauft. Dies ist mitunter ein langer und für viele auch ein emotionaler Prozess. Daher ist es für viele Eigentümer wichtig, einen Makler mit dieser Tätigkeit zu beauftragen, der einige Themen der Kunden im Vorwege allein bearbeiten kann. Ich denke nicht, dass sich die Internetplattformen als alleiniges Medium durchsetzen können.

2.2.3 Starke Marken in der Immobilienwirtschaft

Zu den bekanntesten Immobilienmarken Deutschlands zählt Engel & Völkers. Das Maklerunternehmen wurde im Jahre 2014 im Rahmen des Marken Awards der Immobilienbranche als beste Unternehmensmarke prämiert und als Vorreiter und Vorbild der Branche ausgezeichnet. Begeistert hat Engel & Völkers die Jury „durch die Vielfalt der genutzten Medien und Kommunikationsmittel in konsequent hoher Qualität. Der Netzauftritt, die hochwertigen Printbroschüren und die direkte Kundenansprache – alle zahlen mit einheitlicher Corporate Identity und ansprechender Bildsprache auf die Markenpositionierung „Kompetenz. Exklusivität. Leidenschaft." ein" (http://markenaward.immobilienscout24.de/

gewinner2014.html). Diese Auszeichnung ist letztendlich das Resultat einer zielstrebigen und mit Leidenschaft geführten Markenkommunikation.

Starke Marken schaffen Vertrauen und Kundenbindung
Tina Werrelmann ist seit zwei Jahren bei Engel & Völkers in Hamburg tätig. Sie blickt auf 30 Jahre Berufserfahrung im Vertrieb zurück, 6 Jahre davon in der Immobilienbranche. Mit Frauke Bender sprach sie über die Bedeutung der Markenführung bei dem Immobilienunternehmen Engel & Völkers.

Frauke Bender:
Engel & Völkers gilt als Vorreiter in der Immobilienbranche in puncto Markenführung in Deutschland. Welche Rolle spielt der Aufbau einer starken Unternehmensmarke im Rahmen der Immobilienvermittlung bei Engel & Völkers?

Tina Werrelmann:
Die Marke ist bereits sehr bekannt, trotzdem spielt das Markenmanagement auch weiterhin eine sehr große Rolle bei uns. Keine email/Brief etc. verlässt das Haus, wenn es nicht CI-gerecht ist. Nach meiner Erfahrung vertraut der Endkunde der Marke voll und ganz.

Frauke Bender:
Welche konkreten Elemente tragen bei Engel & Völkers zur Markenbildung bei?

Tina Werrelmann:
Bei E & V verwenden wir u. a. folgende Tools:

- jedes Exposé ist CI-gerecht angefertigt,
- das hauseigene Lifestyle-Magazin Grund Genug,
- Shops mit Schaufenster und Logo's,
- das hauseigene Lifestylemagazin Grund Genug,
- Radiowerbung sowie
- sämtliche Kugelschreiber, Bleistifte, Gummibären, Schokolade, Streichhölzer, Briefumschläge, Bewertungsmappen, jeder Zollstock, Regenschirm, jede Tragetasche trägt das E&V-Logo.

Frauke Bender:
Engel & Völkers positioniert sich als „die starke Marke für anspruchsvolle Kunden". Wofür steht die Marke Engel & Völkers aus Kundensicht ganz konkret? Und welche Vorteile bringt eine starke Marke generell mit sich?

Tina Werrelmann:
Die Marke steht u. a. für Exklusivität, Kompetenz, Leidenschaft, Zuverlässigkeit, Immobilien in den besten Lagen, ausschließlich Premium-Immobilien im Angebot, Nachhaltigkeit, Seriosität, Professionalität, Eleganz, Stil, Unabhängigkeit, Innovation und Authentizität.

Ein Vorteil der starken Marke ist sicherlich, dass sich der Kunde auf die o. g. Werte verlässt und uns als Vertriebspartner letztendlich präferiert.

Frauke Bender:
Wie wichtig war Ihnen der Marken Award für die beste Unternehmensmarke der Immobilienbranche 2014?

Tina Werrelmann:
Mehr als wichtig! Wir versprechen uns zukünftig weiterhin eine starke Kundenbindung dadurch.

Frauke Bender:
Wie sehen Sie die Zukunft Ihrer Branche hinsichtlich der weiteren Entwicklung bei der Markenführung?

Tina Werrelmann:
M. E. befindet sich die Immobilienbranche in einer Konsolidierungsphase. Der Kunde schaut genauer hin, ist nicht mehr bereit jeden Preis zu zahlen und die Ansprüche an eine Marke steigen. Jede Marke sollte wieder mehr denn je auf den Inhalt und die Kommunikation ihrer Werte achten und jedem Kunden einen wahrhaftigen Service bieten. Das Herzstück der Werte sollte für die Kunden wieder nachhaltig erlebbar und wirklich authentisch von jedem Immobilienberater/Verkäufer gelebt werden.

Kommunikation für Immobilien und Immobilienunternehmen 3

Die Kommunikation eines Unternehmens umfasst „die Übermittlung von Informationen und Bedeutungsinhalten zum Zweck der Steuerung von Meinungen, Einstellungen, Erwartungen und Verhaltensweisen bestimmter Adressaten gemäß spezifischer Zielsetzungen" (Bruhn 2015, S. 3). Diese „Übermittlung von Informationen und Bedeutungsinhalten" kann mittels unterschiedlicher Instrumente geschehen – wie zum Beispiel Werbung, Public Relations, Events oder Social Media.

3.1   Warum Kommunikation?

Innerhalb der Kommunikation eines Unternehmens wird unterschieden zwischen

1. der Unternehmenskommunikation, die „für die Prägung des institutionellen Erscheinungsbildes des Unternehmens verantwortlich ist" und
2. der Marketingkommunikation, die „vornehmlich den Verkauf von Produkten und Dienstleistungen fördert" (Bruhn 2015, S. 4).

Zum einen ist die Kommunikation also ein „unverzichtbare[r] Teil der Absatzpolitik", wie Brade et al. formulieren (2008, S. 733). Im Hinblick auf einzelne Immobilien unterstützt sie den Vermietungs- und Verkaufsprozess insbesondere von Objekten, die nur schwer Abnehmer finden. Das können zum Beispiel Immobilien abseits der gefragten Lagen, mit problematischer Historie oder mit einem vergleichsweise hohen Preis sein. Doch die Kommunikation von Immobilienunternehmen richtet sich nicht nur an den Endkunden – den Käufer oder den Mieter –, sondern ist auch marktintern ein wichtiges Differenzierungsmerkmal. Denn

© Springer Fachmedien Wiesbaden GmbH 2017
F. Bender und C. Christoph, *Markenführung und Markenkommunikation in
der Immobilienwirtschaft,* essentials, DOI 10.1007/978-3-658-18203-8_3

zum anderen dient Kommunikation der Imagepflege und damit einem langfristigen Ziel. Das angestrebte Image eines Unternehmens oder eines Produkts ergibt sich aus der Markenid mentität (siehe Abschn. 2.1.4). Die Kommunikation hat dann die Aufgabe, dieses Image nach außen zu transportieren und in der Wahrnehmung der relevanten Zielgruppen zu verankern. Dies ist insbesondere vor dem Hintergrund der großen Öffentlichkeitswirkung und der hohen Aufklärungsbedürftigkeit von Immobilienprojekten (Brade et al. 2008, S. 32, Gondring 2013, S. 399) von Bedeutung.

Dieser weiche Faktor ist nicht zu unterschätzen. Denn: „Ein positives Image stellt [...] die Voraussetzung [dafür] dar, dass es zu guter Letzt durch den Kunden zu einer Handlungsauslösung kommt, wie etwa dem Vertragsabschluss oder der Beschaffung weiterer Information über den Immobilienverkäufer/-vermieter und seine Produkte oder Weitervermittlung der Werbebotschaften (Mund-Propaganda)" (Tunder 2011, S. 1008).

Innerhalb der Branche kann das Image eines Unternehmens zum Beispiel den Ausschlag dafür geben, wer den Zuschlag für ein Grundstück bekommt oder wer den Auftrag für ein wichtiges Großprojekt erhält. Das bedeutet: Nicht nur in der Wirkung nach außen, sondern auch marktintern spielt die Kommunikation eine entscheidende Rolle.

Im Hinblick auf die Post-Sale-Phase leistet strategische Kommunikation einen wichtigen Beitrag zur Kunden- bzw. Mieterbindung und zur Weiterempfehlungsbereitschaft. Deshalb sollten „Maßnahmen [...] der Kommunikationspolitik [...] während der gesamten Lebensdauer einer Immobilie aufrecht erhalten werden, um ein in der Realisierungs- und Vermarktungsphase positiv aufgebautes Image langfristig zu fördern und zu erhalten" (Brade et al. 2008, S. 719).

Entsprechend hoch ist der Wert, den die Immobilienbranche der Kommunikation zumisst. So ergab eine Expertenbefragung des Beratungsunternehmens Peacom im Jahr 2006, dass

- 90 % der Führungskräfte aus der Immobilien- und Bauwirtschaft überzeugt sind, dass Kommunikation für den wirtschaftlichen Erfolg in der Branche künftig noch wichtiger werden wird.
- 85 % der Befragten erhofften sich vor allem langfristige Effekte wie ein besseres Profil und eine stärkere Kundenbindung (Zitiert nach Matar 2014, S. 60).

3.2 Kommunikation strategisch planen

Als Teildisziplin des Marketings leitet sich die Kommunikation eines Unternehmens oder eines Produkts im Idealfall stringent aus den Unternehmens- und Marketingzielen (siehe Abschn. 2.1.3) ab. Entsprechend sollte die Planung nicht ad hoc erfolgen, sondern langfristig angelegt sein. Hierfür werden in der Praxis Kommunikationskonzepte angefertigt, an denen die Unternehmen ihre Aktivitäten ausrichten.

Genau wie die Gesamtkonzeption des Marketings beginnt die Kommunikationskonzeption mit der Research-Phase, also der Sammlung aller wichtigen Daten. In diesem Zusammenhang sind Fragen wichtig wie:

- Was ist über den Absender und das Kommunikationsobjekt bekannt?
- Welche Unternehmens- und Marketingziele gibt es?
- Was sind die Markenwerte?
- Welche Positionierung wird angestrebt?
- Wer sind die Zielgruppen?

Für die Auswahl der richtigen Kommunikationsstrategie ist insbesondere die Kenntnis der Zielgruppen von Bedeutung: Welche Werte haben sie? Wie informieren sie sich? Welche Medien nutzen sie in welcher Weise? Wie treffen sie ihre Entscheidungen? Für die Wohnungswirtschaft hat beispielsweise das Unternehmen Analyse & Konzepte sechs Wohnkonzepte als Typologie unterschiedlicher Mietergruppen identifiziert. Sie geben Aufschluss darüber, welche Prioritäten die verschiedenen Gruppen in ihrem Leben setzen.[1]

Diese Vorüberlegungen führen zu einer Kommunikationsstrategie, die für die einzelnen Maßnahmen leitend ist. Sie kann beispielsweise so aussehen, dass Print-Medien ganz ausgeklammert werden, weil ausschließlich sehr junge Menschen angesprochen werden sollen. Oder sie kann Leuchtturm-Maßnahmen, wie zum Beispiel eine Veranstaltung, beinhalten, um die herum sich die weiteren Maßnahmen gruppieren. Sehr klassische Marken werden eher auf klassische Kanäle setzen, während Marken, die für Innovation stehen eher digitale, moderne Wege wählen.[2]

---

[1]Siehe www.analyse-konzepte.de.

[2]Als weiterführende Literatur zur Kommunikationskonzeption eignet sich: Hansen R, Bernoully S (2013) Konzeptionspraxis. Eine Einführung für PR- und Kommunikationsfachleute.

Eine gute Kommunikationsstrategie beinhaltet eine kreative Leitidee, die die Positionierung zum Ausdruck bringt und sich wie ein roter Faden durch die Kommunikationsmaßnahmen zieht (Knödler-Bunte 2004, S. 170 ff.).

Anwendung findet diese Philosophie zum Beispiel in der Hamburger Werbeagentur „Branded Addresses". Getreu ihrem Claim „Jedes Haus ist eine Marke" entwickelte sie für ein Wohnhaus der Luxuskategorie in der Hamburger Hafencity den Namen „Freeport". Er bezieht sich einerseits auf den Standort der Immobilie auf dem Gelände des ehemaligen Freihafens. Zum anderen bringt er die Freiheit und die Weltläufigkeit der künftigen Bewohner zum Ausdruck. Optisch setzte die Agentur auf Längsstreifen, die typisch für Container und damit für den Hamburger Hafen sind – allerdings in Silber, um den edlen Anspruch zu unterstreichen. Gleichzeitig wird der Container symbolisch als Behältnis aller Ansprüche weltläufiger Menschen – der zukünftigen Bewohner – verstanden. Die Wohnungen der Luxusklasse im Freeport werden mithilfe ebenso hochwertiger Kommunikationsmaßnahmen vertrieben – immer mit dem Fokus auf dem Gefühl der Freiheit, das die Immobilie ihren künftigen Besitzern vermitteln wird und mit Rückgriff auf die silbernen Längsstreifen. Diese kreative Leitidee des Freihafens und der damit verbundenen Weltläufigkeit findet ihren Ausdruck unter anderem in den folgenden Maßnahmen:

- Freeport Website
- Freeport Imagefilm mit einem Containerschiff als Ausgangspunkt
- Anzeigen in Luxus-Magazinen
- Verkaufsbroschüre mit festem Einband, erstklassigen Visualisierungen und einer Sprache, die Freiheit und Internationalität in den Mittelpunkt stellt
- Karton und Tüte in „Freeport Optik", in denen die Verkaufsunterlagen überreicht werden
- metallener Schlüsselanhänger mit Freeport Logo
- Freeport Baustellenplakat, das das Gefühl der Freiheit mit einem Bild des Hafenpanoramas unterstreicht
- hochwertige Einladungen zur Grand-Opening-Party
- Freeport Becher und Portwein mit Freeport Logo
- bedruckte Scheckkarten mit persönlichem VIP-Code für Interessenten; für jede dieser Karten können die beteiligten Makler bestimmte Bereiche der Freeport Website freischalten – so erhalten alle Interessenten einen exklusiven und persönlichen Online-Zugang (siehe Abb. 3.1a–c)

Abb. 3.1 Markenführung
am Beispiel der Immobilie
„Freeport", umgesetzt
von Branded Addresses,
Hamburg. (Quelle: André
Fichte Photography &
Moving Images)

Handelsimmobilien als Innovationstreiber

Dr. Verena Herfort ist Geschäftsführerin des Landesverbands Nord des Bundesverbands des Bundesverbands Freier Immobilien- und Wohnungsunternehmen e. V. Zuvor war sie unter anderem bei der ECE Projektmanagement GmbH & Co. KG und der Union Investment Real Estate AG in der Unternehmenskommunikation tätig. Mit Cathrin Christoph sprach sie über ihre Sicht auf das Marketing für Immobilien und Immobilienunternehmen.

Cathrin Christoph:
Betreiben Ihre Mitgliedsunternehmen strategisches Marketing? Und wenn ja: warum?

Verena Herfort:
Unser Landesverband umfasst sowohl Hamburg als absoluten Ballungsraum als auch Mecklenburg-Vorpommern. Dort haben wir eher mit Leerstand zu kämpfen. Und in Schleswig-Holstein ist die Situation stark vom Standort abhängig. Entsprechend unterschiedlich ist die Motivation bei den Unternehmen, Marketing zu betreiben. Die einen müssen ihre Mieter oder Käufer wirklich überzeugen. Die anderen betreiben Imagepflege und sehen das Marketing langfristiger. Und dann gibt es die Unternehmen, die neu auf den Markt kommen. Die brauchen Marketing, um sich zu positionieren und sich bekannt zu machen. Insgesamt kommen Markenführung und Marketing in der Immobilienwirtschaft aber immer noch zu kurz. Häufig sind sie in den Unternehmen wenig anerkannt und erhalten entsprechend kleine Budgets.

Cathrin Christoph:
Wenn die Nachfrage das Angebot bei Weitem übersteigt, machen sich die Unternehmen dann Gedanken über die Markenführung?

Verena Herfort:
Nicht unbedingt. Es gibt Standorte, da sind die Einheiten schon verkauft, bevor überhaupt das Baustellenschild steht. Dann hängt die Entscheidung für oder gegen ein strategisches Marketing häufig von der Unternehmerpersönlichkeit und dessen Marketingaffinität ab.

Cathrin Christoph:
Welche Rolle spielt die Produktmarke?

Verena Herfort:
Heute haben die meisten Neubauprojekte einen eigenen Namen, ein Logo und einen eigenen Internetauftritt – zumindest im gehobenen Segment. Das war früher nicht so. Insofern hat die Produktmarke schon an Bedeutung gewonnen.

Cathrin Christoph:
Zieht sich das durch alle Assetklassen?

Verena Herfort:
Für Handelsimmobilien – insbesondere Shoppingcenter – und Büroimmobilien wird schon lange Marketing betrieben. Das liegt daran, dass es einerseits größere Einheiten sind und mehr Budget vorhanden ist. Und andererseits ist der Markt oft schwieriger, sodass der Anbieter dem Käufer einen Mehrwert liefern muss. Deswegen ist der Handel meist innovativer. Wenn man also das Immobilienmarketing in Phasen betrachtet, waren die Shoppingcenter sicher die Vorreiter – und damit die Handelsimmobilien. Dann kamen die Büroimmobilien und schließlich die Wohnimmobilien.

Cathrin Christoph:
Wie sieht es auf den schrumpfenden Märkten aus?

Verena Herfort:
Auf schrumpfenden Märkten haben wir ja kaum Neubauprojekte. Das ganze Thema des Neubaumarketings fällt also weg. Es geht vielmehr darum, für Bestandsimmobilien Marketing zu betreiben. Dabei kommt es aber nicht auf einen Hochglanzprospekt an. Sondern das Unternehmen muss ein Umfeld schaffen, das für die Zielgruppe attraktiv ist. Oder eine Zielgruppe zu finden, die in das bestehende Umfeld passt.

Cathrin Christoph:
Welche Kommunikationsinstrumente spielen im Immobilienmarketing eine Rolle?

Verena Herfort:
Klassische Werbung, Prospekte und Online-Kommunikation sind sicherlich im Zusammenhang mit Immobilienprojekten wichtig. Auch Events funktionieren immer noch gut. Denn damit können die Unternehmen sich gut positionieren, verschiedene Bezugsgruppen frühzeitig einbinden und für eine positive Grundstimmung sorgen. Medienarbeit hingegen ist zweischneidig: Viele Unternehmen möchten diese Art von Aufmerksamkeit gar nicht. Andere setzen Medienarbeit aktiv ein. Auf jeden Fall ist sie immer dann wichtig, wenn etwas schiefgeht und schwierige Themen zu bewältigen sind.

Cathrin Christoph:
Was bringt die Digitalisierung?

Verena Herfort:
Zukünftig wird Social Media eine viel wichtigere Rolle spielen. Denn die neue Generation hat ganz andere Erwartungen an die Kommunikation. Mit Sicherheit wird die Digitalisierung auch darüber hinaus das Marketing verändern. Dann weiß „Big Brother" vielleicht schon vor Ihnen, dass Sie eine Wohnung suchen und das entsprechende Angebot wird angezeigt. Auch Virtual Reality – was jetzt noch in den Anfängen steckt – wird gang und gäbe sein.

Cathrin Christoph:
Wie steht es um die Immobilienwirtschaft im Allgemeinen? Bräuchte die Branche Imagearbeit?
VH: Ja, denn trotz des Anteils der Immobilienwirtschaft an der Gesamtwertschöpfung in Deutschland ist das Ansehen verhältnismäßig gering. Hier leisten die großen Verbände schon gute Arbeit. Aber die Immobilienwirtschaft ist ausgesprochen vielschichtig. Insofern ist das eine sehr komplexe Aufgabe.

3.3 Kommunikationsinstrumente und ihre Bedeutung für die Immobilienwirtschaft

Erst wenn die strategischen Vorüberlegungen abgeschlossen sind, sollten einzelne Kommunikationsmaßnahmen geplant und umgesetzt werden. Im Sinne einer integrierten Kommunikation greifen diese im besten Fall ineinander und ergeben ein „Gesamtkunstwerk", anstatt als Einzelmaßnahmen nebeneinander zu stehen (siehe Beispiel Freeport in Abschn. 3.2).

Aufgrund der unterschiedlichen Ausgangslagen werden die Kommunikationsmaßnahmen für jedes Unternehmen und jedes Immobilienprojekt unterschiedlich ausfallen. Die folgende Auflistung orientiert sich an Bruhn (2015) als Standardwerk der Kommunikationspolitik.

3.3.1 Mediawerbung

„Mediawerbung bedeutet den Transport und die Verbreitung werblicher Informationen über die Belegung von Werbeträgern mit Werbemitteln im Umfeld öffentlicher Kommunikation gegen ein leistungsbezogenes Entgelt, um eine Realisierung unternehmensspezifischer Kommunikationsziele zu erreichen" (Bruhn 2015, S. 373).

Zur Mediawerbung gehören demnach Anzeigenwerbung in Printmedien, Plakate auf gemieteten Flächen, Spots im TV und im Radio, aber auch Online-Werbung inklusive Online-Anzeigen sowie Suchmaschinen- und Social-Media-Werbung. Das entscheidende Merkmal in Abgrenzung zu anderen Kommunikationsinstrumenten ist, dass der Absender ein „leistungsbezogenes Entgelt" bezahlt, dass also Raum oder Zeit tatsächlich gekauft werden.

Der Mediawerbung stellt auch in der Immobilienbranche die „bedeutendste Form der Marktkommunikation im Hinblick auf die aufgewandten finanziellen Mittel" dar (Brade et al. 2008, S. 739). Insbesondere in der Vermarktung einzelner Immobilien kommt ihr herausragende Rolle zu. Kaum ein Immobilienprojekt kommt im BTC-Vertrieb ohne klassische Werbung aus. Hierzu gehören

- Print-Anzeigen, vorwiegend in regionalen Tageszeitungen und Anzeigenblättern,
- Anzeigen auf den großen Online-Immobilienportalen,
- Online-Bannerwerbung,
- Suchmaschinenwerbung und
- Anzeigen in den sozialen Medien.

3.3.2 Verkaufsförderung

„Verkaufsförderung – auch ,Sales Promotions' genannt – bedeutet die Analyse, Planung, Durchführung und Kontrolle meist zeitlich befristeter Maßnahmen mit Aktionscharakter, die das Ziel verfolgen, auf nachgelagerten Vertriebsstufen durch zusätzliche Anreize Kommunikations- und Vertriebsziele eines Unternehmens zu erreichen" (Bruhn 2015, S. 384).

Zur Verkaufsförderung gehören klassischerweise Preis- und Rabatt-Aktionen. Diese kommen in der Immobilienwirtschaft nur vereinzelt vor – wenn Immobilien sehr schwer zu vermitteln sind. Dann wären in diesem Zusammenhang Mietvergünstigungen oder Zuschüsse zur Renovierung zu nennen. Es gehören aber auch andere Maßnahmen dazu, die dem Kunden „zusätzliche Informationen liefern und seine Kaufentscheidung positiv beeinflussen sollen" (Ertle-Straub 2013, S. 428). Hierzu zählen im Immobilienmarketing beispielsweise

- Musterwohnungen, -häuser und -büros,
- Computersimulationen oder
- Incentives für Makler.

Diese Maßnahmen haben das Ziel „zusätzliche bzw. außergewöhnliche Impulse als Anreize für die Zielgruppen zu schaffen" (Ertle-Straub 2013, S. 428). Vor dem Hintergrund der technischen Möglichkeiten sind in diesem Bereich noch viele Innovationen und Weiterentwicklungen zu erwarten. 3-D-Besichtigungen und Virtual Reality zeigen schon heute, was künftig vielleicht selbstverständlich sein wird.

3.3.3 Direct Marketing

Direct Marketing umfasst sämtliche Kommunikationsmaßnahmen, die darauf ausgerichtet sind, durch eine gezielte Einzelansprache einen direkten Kontakt zum Adressaten herzustellen und einen unmittelbaren Dialog zu initiieren oder durch eine indirekte Ansprache die Grundlage eines Dialogs in einer zweiten Stufe zu legen, um Kommunikations- oder Vertriebsziele des Unternehmens zu erreichen (Bruhn 2015, S. 403).

Zum Direktmarketing zählen damit alle Kommunikationsmaßnahmen, die die Zielgruppe – oder den Kunden – ohne Umweg über andere Medien erreichen und einen Dialog ermöglichen. Dies kann sowohl in der realen Welt als auch digital passieren.

Sowohl für Unternehmens- als auch für Produktmarken spielt das Direct Marketing in der Immobilienwirtschaft eine wichtige Rolle. Es umfasst Broschüren, Folder, Flyer und Exposés genauso wie die Website eines Unternehmens oder eines Projekts. Die Maßnahmen des Direct Marketings sind besonders gut geeignet, eine Marke zu transportieren, weil sie sehr viel Gestaltungsspielraum bieten. Aktuell ist beispielsweise der Trend zu beobachten, dass Verkaufsprospekte von den reinen Fakten zum Storytelling übergehen und so den Interessenten ganze Lebenswelten eröffnen. Auch das Layout wird – entsprechend dem allgemeinen Trend im Editorial Design – bildlastiger, abwechslungsreicher und bunter (siehe Abb. 3.2a–c und 3.3).

Auch Corporate-Publishing-Maßnahmen wie Unternehmens- und Mieterzeitschriften sowie -Newsletter sind in diesem Zusammenhang zu nennen. Sie sind insbesondere sinnvoll, um auch in der Post-Sale-Phase Kunden an das Unternehmen zu binden und das Image zu pflegen. Neben den klassischen Print-Magazinen und Newslettern entstehen aktuell in diesem Bereich digitale Angebote, die über die Website hinausgehen, wie zum Beispiel multimediale Info-Bildschirme, die im Eingangsbereich der Immobilien als Touchpoint dienen (s. Abb. 3.4). Diese Medien bieten auch die Gelegenheiten zur Interaktion und verstärken damit die Mieterbindung. Außerdem können sie Anfragen auf „die digitale Schiene" lenken und damit die Kundencenter der Wohnungsunternehmen entlasten.[3]

Schließlich fällt das sogenannte Baustellenmarketing in den Bereich des Direct Marketings. Brade et al. verstehen darunter Maßnahmen, die „unabhängig von speziellen Veranstaltungen und Events die vorhandenen Potenziale der Baustelle zum Erreichen der übergeordneten Marketingziele ausschöpfen". Naturgemäß begleitet das Baustellenmarketing in der Regel die Entwicklungsphase einer Immobilie. Konkret geht es dabei um

- Bauschilder,
- Vermietungs- und Verkaufsschilder,
- Fahnen und Bauzäune,
- aber auch Besucherplattformen und Immobilienmodelle (Brade et al. 2008, S. 749).

---

[3]Siehe Website www.dasdigitalebrett.de. der mieterinfo.tv Kommunikationssysteme GmbH & Co. KG.

Abb. 3.2 Cover und Innenseiten einer Verkaufsbroschüre für das Ostseequartier Heiligen-hafen der SEED Projektentwicklung GmbH & Co. KG. (Quelle: SEED Projektentwicklung GmbH & Co)

Entspanntes Leben:
Exklusives Wohnen in direkter Nähe zu Hafen und Stadtzentrum

Das Ostseequartier Heiligenhafen gliedert sich nahtlos in die aktuelle Stadtentwicklung ein, in deren Zuge derzeit u. a. auch zwei neue Hotels, die Appartementkomplexe „Marina Resort" und „Dünenpark" sowie mehrere neue Appartementhäuser entstehen. Der Standort Heiligenhafen wird Jahr für Jahr attraktiver, der Bedarf an zeitgemäßem Wohnraum in zentraler Lage wächst. Die Lage am Wilhelmplatz bietet alle denkbaren Vorteile des Standorts:

Zentral in direkter Nähe zum Hafen gelegen, fußläufig zu Marktplatz, Binnensee und Ostseestrand, aber dennoch zurückgezogen und abgeschirmt vom Verkehrsgeschehen der Hauptstraße. Einkaufsmöglichkeiten, Schulen und Kindergärten befinden sich ebenfalls in der näheren Umgebung. Das Innenhofkonzept bietet zusätzlichen Rückzugsraum und entwickelt eine eigene Qualität für die Bewohner des Ensembles.

Abb. 3.2 (Fortsetzung)

Voll im Trend!

Aufstrebend, authentisch, sympathisch und echt norddeutsch – so präsentiert sich Heiligenhafen seinen (überwiegend touristisch orientierten) Besuchern, und so kann man auch die Wohnlage im Ostseequartier am Wilhelmplatz charakterisieren. Es ist aber nicht nur der anhaltende Ostsee-Boom, der Heiligenhafen und auch Holsteins Ostseeküste insgesamt regen Zulauf sowohl von Dauergästen als auch von Zweitwohnsitz-Inhabern bringt, es sind vor allem wirtschaftliche Überlegungen: Investitionen in Immobilien in Deutschland sind finanziell attraktiv wie nie! Günstige Zinsen, stabile Wertentwicklung, mangelnde Alternativen im Kapitalanlagemarkt, Vermeidung von Verlusten durch Inflation und/oder Eurokrise sind nur einige der Gründe dafür.

Heiligenhafen hat sich zu einer Top-Lage an der Ostsee entwickelt, die nicht zuletzt durch ihre steigende touristische Attraktivität Immobilienbesitzern einen optimalen Mix aus Rendite und Sicherheit bietet. Vor allem das selbstgenutzte Objekt, ob als Zweit- oder Hauptwohnsitz, bietet höchste Wohn- und Lebensqualität bei gleichzeitiger attraktiver Perspektive für den Vermögensaufbau bzw. die Vermögenssicherung. Eine weitere Aufwertung des Standorts Heiligenhafen ist durch die fortlaufende Stadtentwicklung, den Ausbau von Hafen, Marina und Binnensee-Umgebung sowie im Vorfeld des geplanten Tunnelbaus Fehmarn-Dänemark gegeben.

Abb. 3.2 (Fortsetzung)

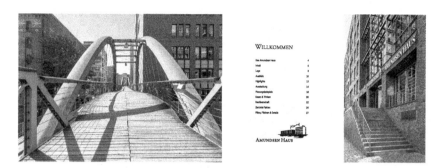

Abb. 3.3 Immobilienbroschüre Amundsen Haus. (Quelle: LORENZ conradus, Hamburg –
Agentur für Immobilienmarketing)

Abb. 3.4 Digitales Brett der Wohnungsgenossenschaft Kleefeld-Buchholz eG. (Quelle:
mieterinfo.tv Kommunikationssysteme GmbH & Co. KG)

Abb. 3.5 Bauzaun des „Pier 3" in der Hamburger Hafencity mit „Gucklöchern" für Passanten. (Quelle: privat)

Diese Form des Direct Marketings ist nicht nur im Hinblick auf die Kunden ein wertvolles Kommunikationsinstrument. Baustellenmarketing bietet auch eine gute Möglichkeit, andere Bezugsgruppen – wie zum Beispiel Nachbarn und Kritiker – zu erreichen und für das Projekt zu gewinnen (siehe Abb. 3.5).

3.3.4 Public Relations

„Public Relations (Öffentlichkeitsarbeit) als Kommunikationsinstrument bedeutet die Analyse, Planung, Durchführung und Kontrolle aller Aktivitäten eines Unternehmens, um bei ausgewählten Zielgruppen (extern und intern) primär um Verständnis sowie Vertrauen zu werben und damit gleichzeitig kommunikative Ziele des Unternehmens zu erreichen" (Bruhn 2015, S. 416).

Demzufolge definieren sich Public Relations (PR) nicht über die Art der Maßnahme, sondern über die Intention des Absenders. Ein typisches Instrument der

PR ist aber die Medienarbeit, weil sie für „nahezu alle Public-Relations-Systeme eine herausragende Bedeutung besitzt" (Hoffjann 2007, S. 127). Hierzu zählen

• Pressemitteilungen,
• Pressekonferenzen,
• Hintergrundgespräche,
• Journalisteneinladungen und
• der Versand von Pressemappen.

Doch auch andere Kommunikationsmittel wie Online-Kommunikation, Folder, Broschüren, Veranstaltungen und Sponsorings können in der PR zum Einsatz kommen.

Laut Brade et al. wird PR im Immobilienmarketing zunehmend eingesetzt. Als Zielgruppen kommen „sämtliche Gruppierungen infrage, deren Mitglieder durch immobilienspezifische Tätigkeiten eines Unternehmens oder durch ein konkretes Immobilienprojekt bzw. -objekt in irgendeiner Form direkt oder indirekt betroffen sind". Die Ziele sind die Ansprache einer breiten Zielgruppe und die Positionierung und Verankerung eines positiven Projektimages (Brade et al. 2008, S. 753).

Ertle-Straub nennt als mögliche Anlässe für Medienarbeit die Gewinnung neuer Mieter, Grundsteinlegungen, Schlüsselübergaben, Personalien, Produktinnovationen und Vermarktungsraten (2013, S. 429). Daneben kommen noch zahlreiche weitere Aufhänger infrage. Entscheidend für den Erfolg ist in erster Linie der Nachrichtenwert des Themas (Christoph 2009, S. 174 ff.). Zwar sind Veröffentlichungen über journalistische Medien – im Gegensatz beispielsweise zur Mediawerbung – nur bedingt steuerbar. Aber andererseits sind die Botschaften für die Empfänger glaubwürdiger, weil der Journalist im günstigsten Fall als Fürsprecher des Unternehmens fungiert. Wenn das gelingt, ist Medienarbeit ein sehr gutes Instrument, um breite Zielgruppen zu erreichen und Vertrauen zu gewinnen.

Eine besondere Rolle kommt der PR in Unternehmenskrisen und anderen kritischen Situationen zu. Denn sie

• kann in vielen Fällen Krisenherde frühzeitig erkennen,
• in der Krise die Kommunikation steuern und so
• die negativen Folgen für das Unternehmen verringern.

Immobilienunternehmen können aus unterschiedlichsten Ursachen in eine Krise geraten – hierzu gehören Unfälle, „Problem-Mieter", Compliance-Verstöße oder eine schlechte Unternehmensentwicklung. Besonders gut vorherseh- und damit auch steuerbar sind Krisen, die sich aus Abriss-, Modernisierungs- und Neubaumaßnahmen entwickeln. Je nach Standort, Art der Immobilie und Nachbarschaft können aus dem Widerstand gegen diese Maßnahmen echte Probleme entstehen. PR ist das geeignete Instrument, um solche Krisen-Auslöser vorherzusehen und frühzeitig gegenzusteuern. Das kann durch Medienarbeit, aber zum Beispiel auch durch Rundschreiben, Online-Kommunikation und Veranstaltungen passieren.

3.3.5 Sponsoring

„Sponsoring bedeutet die

- Analyse, Planung, Durchführung und Kontrolle sämtlicher Aktivitäten,
- die mit der Bereitstellung von Geld, Sachmitteln, Dienstleistungen oder Know-how durch Unternehmen oder Institutionen
- zur Förderung von Personen und/oder Organisationen in den Bereichen Sport, Kultur, Soziales, Umwelt und/oder Medien verbunden sind,
- um damit gleichzeitig kommunikative Ziele des Unternehmens zu erreichen" (Bruhn 2015, S. 429).

Das bedeutet: Sponsoring verbindet die Förderung von Personen und anderen Organisationen mit einer Gegenleistung. Häufig besteht diese Gegenleistung darin, dass der Name des Sponsors in einem genau definierten Umfang genannt wird und er dadurch mehr Reichweite und Aufmerksamkeit erfährt. Zudem profitiert der Sponsor durch das Sponsoring von einem positiven Imagetransfer. Insofern ist Sponsoring zur Imagepflege ein sehr gutes Instrument. Um kurzfristig Vermarktungserfolge zu erzielen, eignet es weniger.

In der Markenführung von Immobilienunternehmen und -projekten spielt Sponsoring eine untergeordnete Rolle. Die einschlägige Literatur zum Immobilienmarketing behandelt dieses Thema überhaupt nicht.

Aus zwei Gründen wäre es aber lohnend, auch dieses Instrument in die Markenführung einzubeziehen: Erstens haben Immobilienunternehmen allein aufgrund ihrer Branchenzugehörigkeit häufig mit Imageproblemen zu kämpfen. Sponsorings im sportlichen, kulturellen, sozialen und ökologischen Bereich sowie im Bildungssektor könnten hier für eine Imagekorrektur sorgen. Zweitens können Sponsorings – qua Definition (s. o.) – nicht nur aus Geldmitteln bestehen, sondern auch aus der Bereitstellung von Sachmitteln. Immobilienunternehmen verfügen über ein Sachmittel, das viele andere Organisationen dringend benötigen – nämlich Räume. Insofern können sie sogar ohne großen finanziellen Aufwand

Sponsorings anbieten, und so etwas für ihr Image tun – etwa wenn bestimmte Räume vorübergehend leer stehen oder Grundstücke nicht genutzt werden.

3.3.6 Persönliche Kommunikation

„Persönliche Kommunikation ist die
   Analyse, Planung, Durchführung und Kontrolle sämtlicher unternehmensinterner und -externer Aktivitäten,

- die mit der wechselseitigen Kontaktaufnahme bzw. -abwicklung zwischen Anbieter und Nachfrager in einer durch die Umwelt vorgegebenen Face-to-Face-Situation verbunden sind,
- in die bestimmte Erfahrungen und Erwartungen durch verbale und non-verbale Kommunikationshandlungen eingebracht werden,
- um damit gleichzeitig spezifische Kommunikations- und Vertriebsziele zu erreichen" (Bruhn 2015, S. 444 f.).

Dazu gehören Verkaufsgespräche, Vorträge, aber auch Telefonate – also alle Situationen, in denen persönlicher Kontakt zur Zielgruppe besteht. Damit die persönliche Kommunikation zur Marke passt, müssen alle Personen, die im Namen des Unternehmens nach außen kommunizieren, mit der Marke vertraut sein. Hierfür ist wiederum eine funktionierende interne und Kommunikation die Voraussetzung.

Im Hinblick auf das Marketing von Immobilienprojekten ist hier der Vertrieb besonders zu schulen, beziehungsweise der Makler entsprechend auszuwählen. Denn – wie Tunder betont –, es ist „bei allen Aufgaben der Marktkommunikation […] von großer Bedeutung […], dass der Kunde dem Immobilienverkäufer/-vermieter und seinen Leistungsversprechen vertraut" (2011, S. 1008).

3.3.7 Messen und Ausstellungen

Messen und Ausstellungen als Kommunikationsinstrument umfassen

- „die Analyse, Planung, Durchführung sowie Kontrolle und Nachbearbeitung aller Aktivitäten,
- die mit der Teilnahme an einer zeitlich begrenzten und räumlich festgelegten Veranstaltung verbunden sind,

- deren Zweck in der Möglichkeit zur Produktpräsentation, Information eines Fachpublikums und der interessierten Allgemeinheit, Selbstdarstellung des Unternehmens und Möglichkeit zum unmittelbaren Vergleich mit der Konkurrenz liegt,
- um damit gleichzeitig spezifische Marketing- und Kommunikationsziele zu erreichen" (Bruhn 2015, S. 454).

Messen und Ausstellungen spielen im BTB-Bereich der Immobilienwirtschaft eine große Rolle. Zu nennen sind hier beispielsweise die EXPO REAL, die jährlich in München stattfindet und die MIPIM in Nizza. Daneben können Fachausstellungen – etwa im Rahmen großer Verbandsveranstaltungen – eine gute Möglichkeit sein, die Marke darzustellen und mit potenziellen Kunden in Kontakt zu kommen.

Für Privatkunden finden überall in Deutschland ebenfalls Immobilienmessen statt. Diese haben jeweils einen regionalen Bezug. Insofern sind sie vor allem für Unternehmen von Interesse, die gezielt Kunden in dieser Region ansprechen möchten. Ein Vorteil dieser Messen ist die Möglichkeit zum persönlichen Kontakt mit der Zielgruppe. Nachteilig ist, dass sie keine große Reichweite entfalten.

3.3.8 Event-Marketing

Event-Marketing bedeutet die zielgerichtete, systematische Analyse, Planung, Durchführung und Kontrolle von Veranstaltungen als Plattform einer erlebnis- und / oder dialogorientierten Präsentation eines Unternehmens, sodass durch emotionale und physische Stimulans starke Aktivierungsprozesse in Bezug auf Produkt, Dienstleistung oder Unternehmen mit dem Ziel der Vermittlung von unternehmensgesteuerten Botschaften ausgelöst werden (Bruhn 2015, S. 463).

Event-Marketing bedeutet also nicht, fremde Veranstaltungen zu unterstützen. Das wäre Event-Sponsoring. Kennzeichnend ist für das Event-Marketing, dass das Unternehmen die Veranstaltung – oder: das Event – selbst im Sinne der Markenführung konzipiert und durchführt. Ähnlich wie bei Messen und Ausstellungen ist die Reichweite dieses Kommunikationsinstruments meist begrenzt. Auf der anderen Seite bieten Events den Vorteil, dass

- die Besucher die Marke mit allen Sinnen erleben können,
- stark involviert sind und
- persönlicher Kontakt mit der Zielgruppe möglich ist.

Ganz traditionell bietet die Immobilienbranche viele Anlässe für Events, wie zum Beispiel

- Grundsteinlegungen,
- Richtfeste,
- Einweihungsfeiern,
- Shop-Eröffnungen,
- Housewarming-Parties oder
- Mieterjubiläen.

Diese Anlässe werden auch im modernen Immobilienmarketing genutzt, um die Marke zu transportieren. Event-Marketing wird sogar „zunehmend, vor allem bei Großprojekten frühzeitig als Marketinginstrument zur Differenzierung und Positionierung eingesetzt" (Brade et al. 2008, S. 748).

Innerhalb der PR sind Events eine gute Möglichkeit, mit kritischen Bezugsgruppen in den Dialog zu treten und sie für das Projekt zu gewinnen. Insofern spielen sie auch eine wichtige Rolle in der Krisenprävention und -kommunikation.

3.3.9 Social-Media-Kommunikation

Social Media-Kommunikation vollzieht sich auf online-basierten Plattformen und kennzeichnet sowohl die Kommunikation als auch die Zusammenarbeit zwischen Unternehmen und Social Media-Nutzern sowie deren Vernetzung untereinander. Die Social Media-Kommunikation erfolgt sowohl aktiv als auch passiv, mit dem Ziel des gegenseitigen Austausches von Informationen, Meinungen, Eindrücken und Erfahrungen sowie des Mitwirkens an der Erstellung von unternehmensrelevanten Inhalten, Produkten oder Dienstleistungen (Bruhn 2015, S. 471 f.).

Ertle-Straub attestiert auch für das Immobilienmarketing allen internetbasierten Tools eine große Dynamik. Dabei sieht sie die Website des Unternehmens oder des Projekts als Dreh- und Angelpunkt.

Diese sollte nicht abgekoppelt von den sozialen Medien agieren, sondern dafür optimiert werden. Die Inhalte sollten durch Links und speziell programmierbare Buttons die Interaktion mit dem Leser ermöglichen. Durch redaktionelle Weblogs ist eine gezielte Kundenansprache möglich und über eine gezielte Contentstrategie werden mehr Besucher über die Suchmaschinen auf das Unternehmen aufmerksam. […] Gerade dem Empfehlungsmarketing wird für die Akquise von Neukunden eine dominierende Bedeutung beigemessen (Ertle-Straub 2013, S. 430).

Das bedeutet: Nicht jedes Unternehmen muss twittern oder einen Facebook-Account haben. Aber die Inhalte der eigenen Website oder des eigenen Blogs sollten per Button leicht geteilt werden können, nach dem Motto: „Make your news spreadable!" Das eröffnet die Möglichkeit, mit eigenen Inhalten in den sozialen Medien eine große Reichweite zu erzielen. Oft werden zum Beispiel Vermietungs- und Verkaufsangebote über die sozialen Medien geteilt.

Wenn Unternehmen eigene Social-Media-Accounts betreiben, sollten sie sich dabei nicht nur als Absender der Kommunikation verstehen, sondern die Bereitschaft – und die Kapazitäten – für einen echten Dialog mitbringen. Denn: „Die Interaktion mit dem Leser/potenziellen Kunden ist […] ausschlaggebend für den erfolgreichen Einsatz der sozialen Medien. Nur ein echter Dialog […] führt zur Festigung von Kundenbeziehungen bzw. dem Aufbau derselben. Je authentischer, offener und transparenter sich ein Unternehmen in den sozialen Netzwerken gibt, umso größer der Erfolg" (Ertle-Straub 2013, S. 430). Große Wohnungsunternehmen betreiben beispielsweise Facebook-Accounts, um mit ihren Mietern zu kommunizieren. Und auch große Neubauprojekte liefern bereits gute Beispiele, wie mit Social Media der Kontakt zur Zielgruppe aufrechterhalten werden kann.

Auch Matar sieht in den dialogorientierten Maßnahmen die Zukunft der Kommunikation für Immobilienthemen. Darunter fasst er neben dem Internet auch Medienarbeit und Veranstaltungen (Matar 2014, S. 60).

Ein Beispiel liefert die Agentur Branded Addresses mit der Kommunikation für das „Quartier am Zeughaus". Die Immobilie hatte einen eigenen Twitter-Account, der als kreative Leitidee die gesamte Kommunikation des Projekts prägte (s. Abb. 3.6).

Künftig werden außerdem mobile Anwendungen wichtiger werden. Diese ermöglichen dem Interessenten den Einsatz direkt vor Ort – in er Immobilie:

„Ein wichtiges Thema für die Zukunft insbesondere von Immobilientransaktionen ist die ‚Mobility'. Durch den Einsatz von Smartphones und Tablets bzw. ‚Apps' ist eine Nutzung an dem Standort möglich, an dem ein Kauf- oder Mietinteressent ein Objekt erwerben bzw. mieten möchte" (Ertle-Straub 2013, S. 430).

Google kann keine Wertschätzung transportieren
Martin Kock ist Agenturleiter der 24plus7 ImmobilienService GmbH in Hamburg. 2013 gewann die Agentur gemeinsam mit der Wulff Hanseatische Bauträger GmbH den Immobilien-Marketing-Award der Hochschule für Wirtschaft und Umwelt Nürtingen-Geislingen (HfWU). Mit Cathrin Christoph sprach Kock über die zeitgemäße Vermarktung von Wohnimmobilien.

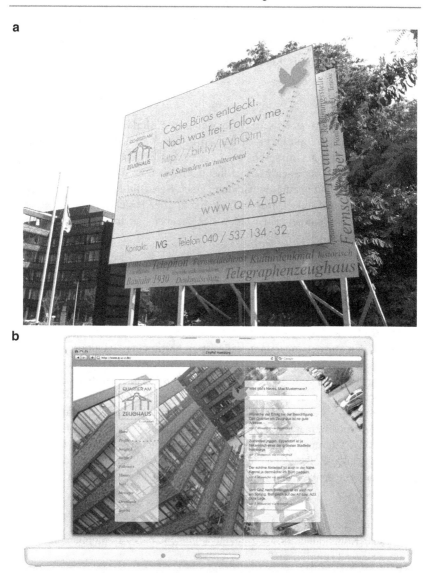

Abb. 3.6 Twitter-Account des „Quartiers am Zeughaus". (Quelle: Branded Addresses, Hamburg)

Cathrin Christoph:
Ist Markenführung als Konzept in der Immobilienwirtschaft schon angekommen?

Martin Kock:
Vor allem auf Investorenseite wird viel in die Markenführung investiert.
Auch die Makler sind hier sehr aktiv. Auf der Seite der Bauträger ist das
Konzept nicht ganz so verbreitet. Aber auch hier gibt es gute Beispiele.
Allerdings ist nicht allen Marktteilnehmern bewusst, dass zur Markenbil-
dung mehr gehört als die Entwicklung einer Wort-Bild-Marke, nämlich ein
Markenkern und eine Unverwechselbarkeit. Hier besteht aber ein großer
Bedarf, denn Unternehmen werden sich darüber immer stärker im Markt
qualifizieren.

Cathrin Christoph:
In der Praxis gibt es aber auch das Argument, dass die Immobilienbranche
an vielen Standorten gar kein Marketing und keine Marke braucht.

Martin Kock:
Ja, für den Vertrieb einer Immobilie ist an bestimmten Standorten Marketing nicht notwendig. Aber die Unternehmen nutzen und brauchen es für
die Qualifizierung intern am Markt. Wenn zum Beispiel ein Investor einen
Vertrieb sucht, dann wird er diesen auch danach auswählen, für welche
Werte und für welchen Markenkern er steht. Das gilt auch für Projektent-
wickler. Und: Immer mehr Menschen kaufen Immobilien als Geldanlage.
Für diese Zielgruppe der Mehrfachkäufer spielt gutes Marketing eine ganz
entscheidende Rolle. Denn diese Menschen werden sich eher an jemanden
wenden, mit dem sie gute Erfahrungen gemacht haben und dem sie vertrauen.

Cathrin Christoph:
Welche Kommunikationsinstrumente kommen in der Immobilienbranche
überwiegend zum Einsatz?

Martin Kock:
Klassische Werbung ist im Print-Bereich immer noch immens wichtig.
Auf Privatkunden bezogen sind hier Tageszeitungen und Wochenblätter
zu nennen. Online sind die großen Immobilienportale obligatorisch. Was

oft unterschätzt wird, sind Banner- und Suchmaschinen-Werbung. Damit
können Sie sehr genau die Zielgruppe treffen. Und: Auch Werbung in den
Social Media erzielt eine gute Wirkung – im Hinblick auf die Effizienz
online momentan sogar die beste. Auf dem Zeitstrahl sieht es meist so aus,
dass zunächst die Printwerbung geschaltet wird, dann kommen die Portale.
Und zum Ende wird Online-Werbung inklusive Social Media eingesetzt.
Hörfunk und TV spielen im Gegensatz dazu gar keine Rolle.

Cathrin Christoph:
Wie sieht es mit Verkaufsförderungsaktionen und Direct Marketing aus?

Martin Kock:
Ein sehr wichtiges Instrument am Point of Sale ist das Vertriebsschild.
Damit erregen die Unternehmen viel Aufmerksamkeit. Deswegen stellen
wir die Vertriebsschilder immer erst dann auf, wenn alle Informationen, die
der Interessent haben möchte, vorliegen. Auf dem Schild dürfen eine gute
Visualisierung, die Wort-Bild-Marke und die Kontaktmöglichkeit nicht feh-
len – wie zum Beispiel eine einprägsame Web-Adresse. Außerdem natürlich die Information, was dort gerade gebaut wird. Mitunter inszenieren
wir mit den Baustellen-Schildern sogar Kampagnen mit einer Dramatur-
gie. Damit machen wir neugierig auf das Projekt. Folder und Broschüren
sollten fertig sein, bevor das Baustellenschild steht – ebenso wie die Pro-
jekt-Website. Im Hinblick auf Broschüren und Folder ist die Qualität ganz
wichtig, um die Marke zu transportieren. Damit drücken die Entwickler
ihre Wertschätzung gegenüber dem Projekt aus – und auch gegenüber dem
Käufer. Das kann Google nicht.

Cathrin Christoph:
Was ist mit Corporate Publishing?

Martin Kock:
Kundenmagazine bedeuten einen großen Aufwand, den viele Unternehmen
scheuen. Als Alternative setzen sie Newsletter ein. Das ist als Instrument
der Post-Sale-Phase gut etabliert.

Cathrin Christoph:
Wie schätzen Sie Messen und Ausstellungen als Kommunikationsinstrument ein?

Martin Kock:
Das spielt eine untergeordnete Rolle und lohnt sich meist nur für Anbieter, die mehrere Projekte im Köcher haben. Im BTB-Bereich sind die großen Messen wie die EXPO REAL ein Muss.

Cathrin Christoph:
Und Public Relations?

Martin Kock:
Bei unstrittigen Projekten stehen Public Relations nicht im Vordergrund. Aber die großen Projekte sind heute leider meistens strittig. Dann ist gute Medienarbeit ein wichtiger Kommunikationsbaustein.

Cathrin Christoph:
Wie schätzen Sie Sponsorings ein?

Martin Kock:
Sponsorings sind im Immobilienmarketing ein Nebenschauplatz. Sie hängen meist von persönlichen Beziehungen ab und werden selten bis gar nicht strategisch geplant.

Cathrin Christoph:
Was passiert eventseitig?

Martin Kock:
Open Houses sind mittlerweile gang und gäbe. Auch Richtfeste und Grundsteinlegungen werden weiterhin gefeiert. Das zahlt auf das Image ein, aber dient weniger dem Verkauf. Für die Kontaktpflege sind im BTB-Bereich ansonsten Büroeröffnungen und Ähnliches zu nennen.

Cathrin Christoph:
Welchen Stellenwert hat die persönliche Kommunikation?

Martin Kock:
Die persönliche Kommunikation mit dem Endkunden ist enorm wichtig. Das kann kein Online-Makler übernehmen, weil Immobilien zumindest im BTC-Bereich ein wahnsinnig emotionales Thema sind. Insofern muss der Makler auch zur Marke passen, wenn das Marketing stringent sein soll.

Cathrin Christoph:
Was tut sich in der Social-Media-Kommunikation?

Martin Kock:
Natürlich gibt es viele gute Unternehmensseiten auf Facebook. Und mittlerweile gibt es sogar Immobilienprojekte mit eigenen Facebook-Accounts, die sehr gut laufen. Da wird sich sicherlich noch viel tun. Snapchat ist beispielsweise im Kommen. Aber Social-Media-Accounts müssen kontinuierlich begleitet werden. Sonst sind sie kontraproduktiv.

Cathrin Christoph:
Wie wird sich das Immobilienmarketing in den nächsten Jahren entwickeln?

Martin Kock:
Ich kann mir gut vorstellen, dass Google in einigen Jahren die Immobilienportale ersetzt. Dann wird Google nicht mehr auf das Portal verlinken, sondern direkt auf das Produkt. Und: Google wird nicht mehr nur in die Vergangenheit sehen und Re-Targeting betreiben. Es wird vielmehr so sein, dass Google genau vorhersehen kann, wann ich welche Immobilie brauche, und entsprechende Vorschläge macht. Im Hinblick auf die Inhalte ist das Storytelling auch in der Immobilienbranche angekommen: Der Fokus verschiebt sich vom Deskriptiven zum Narrativen, „Magazinigen". Technisch bieten sich schon heute viele Möglichkeiten, die Immobilie auch ohne Vor-Ort-Termin erlebbar zu machen. Das wird künftig noch wichtiger werden. Video-Begehungen und Virtual Reality sind hier zu nennen. Außerdem verändert die Technik unsere Sehgewohnheiten. Immer kürzere Frequenzen und Einstellungen sind für die junge Generation heute selbstverständlich.

Ausblick und Fazit

4

Markenführung wird in Zukunft auch für Immobilienunternehmen eine immer wichtigere Rolle spielen. Markenmanagement muss in die Marketingplanung integriert und umgesetzt werden. Die zunehmende Wettbewerbsintensität verschärft die Notwendigkeit zur Entwicklung eindeutiger und Image prägender Markenpositionierungen. Eine Positionierung bedeutet dabei immer eine Konzentration auf einige wenige wichtige Eigenschaften. Eine Marke sollte ein eigenständiges, klares und langfristig tragfähiges Markenprofil aufbauen, das eine emotionale Bindung zum Unternehmen schafft. Das Fundament hierzu bildet die Markenidentität. Sie ist die Basis für alle weitergehenden Aktivitäten der Markenpolitik und steht im Zentrum der Markenführung. Erst wenn die Markenidentität definiert ist, kann die Positionierung festgelegt und das gewünschte Markenimage und ein damit einhergehender Markenwert angestrebt werden.

„Die wichtigste Regel jedoch, die für die Praxis gilt, ist, dass die Marke immer ein Botschafter des Unternehmens ist. Wird dies von den Unternehmen erkannt und ernsthaft umgesetzt, ist der erste Schritt für den Erfolg der Marke getan" (Adjouri, N 2002, S. 228).

© Springer Fachmedien Wiesbaden GmbH 2017
F. Bender und C. Christoph, *Markenführung und Markenkommunikation in der Immobilienwirtschaft,* essentials, DOI 10.1007/978-3-658-18203-8_4

Was Sie aus diesem *essential* mitnehmen können

- Markenführung als Konzept hat auch die Immobilienwirtschaft erreicht.
- Die Kommunikation für Immobilienunternehmen und -projekte ist am wirksamsten, wenn sie der Gesamtmarketingstrategie entspringt und sorgfältig konzipiert ist.
- Die einzelnen Kommunikationsmaßnahmen sollten aufeinander abgestimmt sein.
- In einer zunehmend komplexen, mit großer Unsicherheit behafteten Umwelt, ist es für Immobilienunternehmen unabdingbar geworden, marktorientierte Entscheidungen zu treffen, die Bestand und Ertragskraft des Unternehmens langfristig sicherstellen.
- Internetbasierte Kommunikationsinstrumente sind aktuell auf dem Vormarsch, aber auch klassische Maßnahmen wie Werbung, Direct Marketing, Public Relations und Events haben weiterhin einen sehr hohen Stellenwert in der Kommunikation für Immobilienunternehmen und -projekte.

© Springer Fachmedien Wiesbaden GmbH 2017
F. Bender und C. Christoph, *Markenführung und Markenkommunikation in der Immobilienwirtschaft,* essentials, DOI 10.1007/978-3-658-18203-8

Literatur

Aaker DA (1996) Building strong brands. Financial Times Prentice Hall, New York
Aaker DA, Joachimsthaler E (2001) Brand Leadership. Die Strategie für Siegermarken. Financial Times Prentice Hall, New York
Aaker JL (1997) Dimensions of brand personality. J Mark Res 34(August):347–356
Adjouri N (2002) Die Marke als Botschafter-Markenidentität bestimmen und entwickeln. Gabler, Wiesbaden
Baumgarth C (2014) Markenpolitik, Markentheorien, Markenwirkungen, Markenführung, Markencontrolling, Markenkontexte, 4. Aufl. Springer Gabler, Wiesbaden
Brade K, Bobber M, Schmitt A, Sturm V (2008) Immobilienmarketing. In: Schulte KW (Hrsg) Immobilienökonomie. Betriebswirtschaftliche Grundlagen, Bd 1, 4. Aufl. De Gruyter, Oldenbourg, S 713–778
Bruhn M (2015) Kommunikationspolitik. Systematischer Einsatz der Kommunikation im Unternehmen, 8. Aufl. Vahlen, München
Burmann C, Meffert H (2005) Theoretisches Grundkonzept der identitätsorientierten Markenführung. In: Burmann C, Meffert H, Koers M (Hrsg) Markenmanagement. Springer Gabler, Wiesbaden, S 35–67
Christoph C (2009) Textsorte Pressemitteilung. Zwischen Wirtschaft und Journalismus. UVK, Konstanz
Ertle-Straub S (2013) Immobilienmarketing. In: Brauer KU (Hrsg) Grundlagen der Immobilienwirtschaft: Recht – Steuern – Marketing – Finanzierung – Bestandsmanagement – Projektentwicklung, 8. Aufl. Springer Gabler, Wiesbaden, S 397–433
Esch FR (2005) Moderne Markenführung. Grundlagen, innovative Ansätze, praktische Umsetzung, 4. Aufl. Springer Gabler, Wiesbaden
Esch FR (2012) Strategie und Technik der Markenführung, 7. Aufl. Vahlen, München
Gondring H (2013) Immobilienwirtschaft. Handbuch für Studium und Praxis, 3. Aufl. Vahlen, München
Görg U (2010) Erfolgreiche Markendifferenzierung. Strategie und Praxis professioneller Markenprofilierung. Springer Gabler, Wiesbaden
Hoffjann O (2007) Journalismus und Public Relations. Ein Theorieentwurf der Intersystembeziehungen in sozialen Konflikten, 2. Aufl. Springer VS, Wiesbaden
Interbrand (2016) Best global brands. www.interbrand.com/best-brands.com.

© Springer Fachmedien Wiesbaden GmbH 2017   55
F. Bender und C. Christoph, *Markenführung und Markenkommunikation in der Immobilienwirtschaft,* essentials, DOI 10.1007/978-3-658-18203-8

Meffert H, Burmann H, Kirchgeorg M (2015) Marketing. Grundlagen marktorientierter Unternehmensführung. Konzepte – Instrumente – Praxisbeispiele, 12. Aufl. Springer Gabler, Wiesbaden

Matar E (2014) Erfolgsfaktoren für integrierte Kommunikationsmaßnahmen in der Immobilienbranche: Eine Evaluierung der Erfolgsfaktoren der integrierten Kommunikation in der Immobilienbranche anhand eines Praxisbeispiels. Diplomica, Hamburg

Meffert H, Burmann C, Koers M (2005) Markenmanagement. Identitätsorientierte Markenführung und praktische Umsetzung, 2. Aufl. Springer Gabler, Wiesbaden

Schmidt HJ (2015) Markenführung. Springer Gabler, Wiesbaden

Schulte KW, Brade K (2001) Handbuch Immobilien-Marketing. Immobilien Informations verlag, Köln

Streibich R (2011) Erfolgsfaktoren im Bau- und Immobilienmarketing. Diplomica, Hamburg

Tunder R (2011) Immobilienmarketing. In: Rottke NB, Tomas M (Hrsg) Immobilienwirtschaftslehre, Bd 1. ManagementImmobilien Manager Verlag, Köln, S 991–1020

Zum Weiterlesen

Bruhn M (2014) Unternehmens- und Marketingkommunikation. Handbuch für integriertes Kommunikationsmanagement, 3. Aufl. Vahlen, München

Hansen R, Bernoully S (2013) Konzeptionspraxis. Eine Einführung für PR- und Kommunikationsfachleute. Mit einleuchtenden Betrachtungen über den Gartenzwerg, 6. Aufl. Frankfurter Allgemeine Buch, Frankfurt a. M.

Rottke NB, Tomas M (2011) Immobilienwirtschaftslehre, Bd 1. Management Immobilien Manager Verlag, Köln

Schulte KW (2008) Immobilienökonomie. Betriebswirtschaftliche Grundlagen, Bd 1, 4. Aufl. De Gruyter, Oldenbourg

Zu den Wohnkonzepten: www.analyse-konzepte.de.

Printed in the United States
By Bookmasters